JN061458

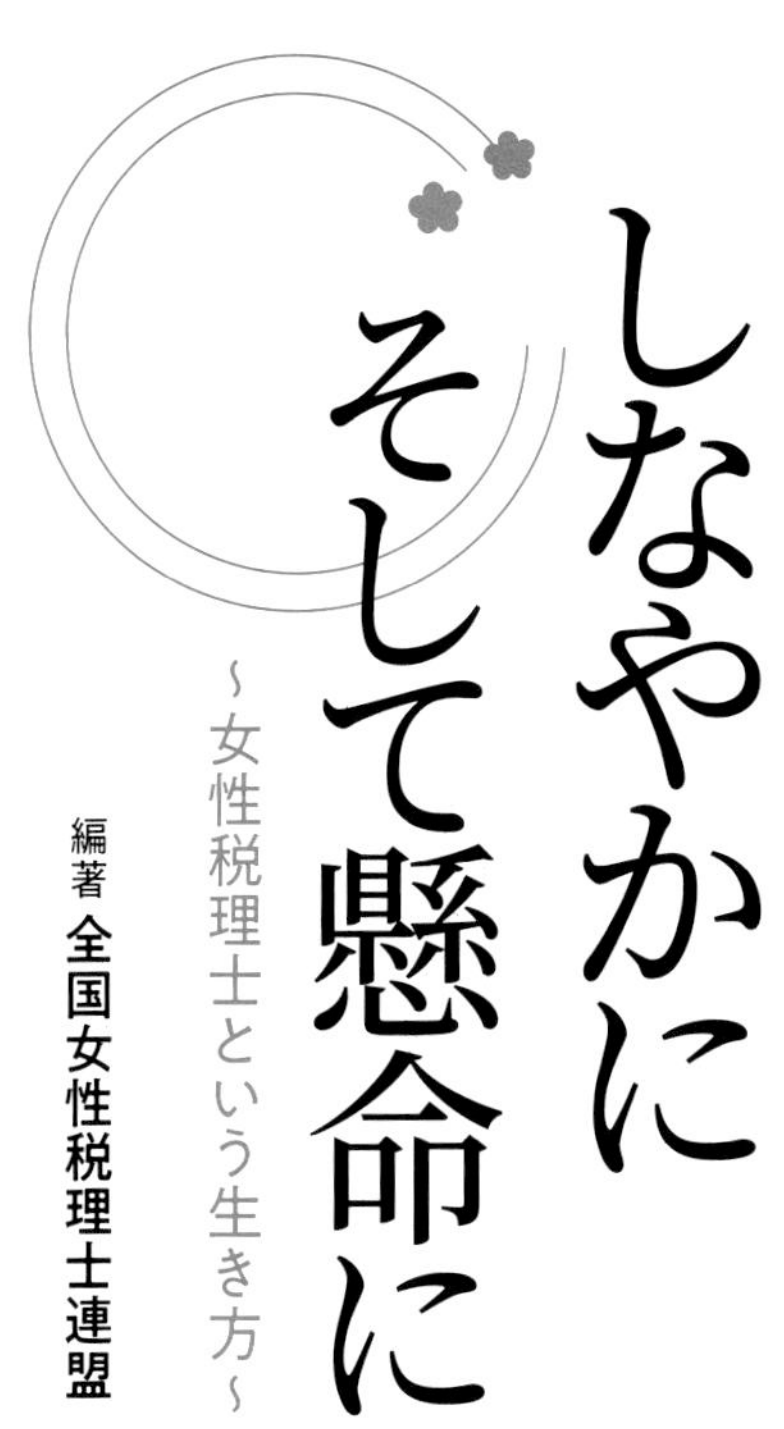

しなやかに そして懸命に

~女性税理士という生き方~

編著 全国女性税理士連盟

Art Days

序　今を生きる羅針盤に

全国女性税理士連盟　会長　西原千景

全国婦人税理士連盟（現在は「全国女性税理士連盟」）と初めて出会ったのは、平成6年に出版された『配偶者控除なんかいらない⁉』という書籍でした。

当時、昼は税理士事務所、夜は税理士試験専門学校と自宅を往復する毎日でしたが、そのタイトルに衝撃を受けたのを鮮明に覚えています。

その後平成8年の税理士試験で合格し、翌年女税連の新年会及び新合格者祝賀会に招待されて出席、実際に女税連を知ることになりました。

私は、国税局査察部出身の実父の税理士事務所に内勤として勤務していましたが、実務経験も乏しく、自分の税理士としての将来に不安を抱えていました。また、「ライフワークバランス」という概念も浸透しておらず、身近にロールモデルもありませんでした。

女税連の新年会を兼ねた新合格者祝賀会の出席会員は年齢や立ち位置に関係なく、皆自信に溢れ、輝いていました。その姿にあこがれて入会し、行事に参加して会務のお手伝いをする中で様々なことを学ばせていただきました。

しかし、常日頃の会務の中で時代の先駆者、人生の先輩としての経験をお聞きできるチャンスは多くなく、ましてや当連盟の70年近い歴史に当事者として関わった会員から直接お話を伺うことはめったにありませんでした。

しなやかにそして懸命に生きてこられた先輩会員の姿をまとめたこの本は、当連盟の会員だけではなく、今を懸命に生きるすべての人にとっても貴重な羅針盤になると確信いたします。

最後になりましたが、今回この本の出版を提案し、強力なバックアップをしてくださった酒井興子会員をはじめとする当連盟の総合企画特別委員会、構成にご尽力いただいた坂本真由美様、第7章の座談会の司会進行も引き受けてくださった株式会社アートデイズ編集長宮島正洋様に心から御礼申し上げます。

しなやかにそして懸命に

~女性税理士という生き方~

目次

第2章　臆さず動いて見つけた一生続けられる仕事――遠藤みち　33

第3章　無地のものに色をつけ、心を映しながら――土居澄江　55

第4章　経営者の味方になることを使命に──上月英子　77

第7章　座談会　女税連ってなんだろう

出席者　内山良子／吉栖照美／鈴木三枝子／楠典子

〈附記〉　女税連のあゆみ

「全国女性税理士連盟」は、「全国婦人税理士連盟」として発足し、1999（平成11）年より名称を変更しています。本文中の表記に、「全国婦人税理士連盟」もしくは「婦税連」、「全国女性税理士連盟」もしくは「女税連」とありますが、すべて当連盟を指すものです。

しなやかにそして懸命に

～女性税理士という生き方～

第1章

人生はケセラセラ、笑顔で過ごした税理士人生

大城戸武子

大城戸武子（おおきどたけこ）

1926（大正15）年兵庫県生まれ。1947（昭和22）年大阪経済大学卒業。1958（昭和33）年税理士登録、大城戸武子税理士事務所開業。全国女性税理士連盟一期生、1978（昭和53）年会長就任。1997（平成9）年～2001（平成13）年まで近畿税理士会神戸支部長。

天真爛漫な神戸っ子として育つ

大正時代に生まれ、昭和、平成、令和と４元号を過ごしてきた。思い起こせば、戦前は平和で穏やかな、いわゆるお嬢様時代。戦争に全てを奪い取られたが、子ども時代に培われた性格は私の礎になっていると思う。

父の生家は京都にあり、松尾神社ゆかりの大井神社。和銅３年、嵐山の大堰川を上り、一社を創設したと古文書にある。神社は明治維新まで代々世襲の神官として受け継がれ、曾祖父まで続いたそうだ。その後、祖父は世襲制度を廃止した明治政府を相手に裁判を起こしたが敗訴している。

一方、母方は商家で、裕福であっても暇な生活に飽き足らなかった祖母は明治・大正時代、女性実業家として活躍。神戸の新興歓楽街に活動写真館を創設し、次々と増館した。支那事変勃発と同時に、当時神戸新聞社の政治部記者だった私の父の進言によりニュース専門館となり、神戸市民に親しまれたそうだ。

一家は神戸に居を構え、私は母方の影響を色濃く受けながら天真爛漫な神戸っ子として育った。某実業家の元別邸を本宅とし、菊づくりの名人といわれた祖父が菊の展覧会を催すような優雅な家だった。私は、そんな暮らしにどっぷり浸かりながら成長した。

嫁入りや徴用から逃れるため大学進学

16歳から20歳までの多感な時期に、戦争が激化する。１９４１（昭和16）年から終戦の１９４５（昭和20）年までを過ごした女学校と現在の大阪経済大学では紺色の制服を着用したが、下に着るのはいつも木綿かすりのモンペだった。大学進学を選んだのは、嫁入りや徴用を逃れたかったたから。戦時中にも関わらずリベラルな気風のなか学ぶことができた。

米軍の空爆機が昼夜を問わず飛ぶような毎日だった。空襲警報のサイレンが鳴れば、溝や河原の側溝に身を潜め、夜は防空壕に入った。爆弾投下、焼夷弾、機銃掃射などは日常茶飯事だが、死に直面していると不思議と肝が据わってくる。戦争は私からいろいろなものを奪ったが、その代わり何事にも動じない逞しさが身についた。終戦は20歳の夏、ひもじく惨めな体験をしたが、〝ケセラセラ〟という気持ちだった。

混沌とした時代だったが、学ぶことだけはやめなかった。大学の授業は目から鱗が落ちるような体験ばかり。世相は男女平等の時代でもあった。戦後10日目に市川房枝氏などが戦後対策婦人委員会を結成し、婦人参政権など５項目の要求を申し合わせている。１９４６（昭和21）年４月には初の婦人参政権が行使された。このような時代に大学生としてさまざまなことを学んだことが、税理士への道に進むきっかけになったと思う。

大学卒業後、税務代理士事務所に就職した。当時、合資・合名会社が流行した頃で、法人設立一切から決算実務、調査立会などあらゆることを指導してくださった。一社につき中間、確定と申告を要し、事業税の単独調査があるなどとにかく仕事は多かった。私は24歳の小娘だったが、立会に出向くなど、多くの実務を経験させてもらった。

その後、叔父の紹介で指導公認会計士の事務所に籍を置いたが、〝お嬢様の腰掛け〟とみなされたことで働く意欲が削がれてしまう。詫びを入れて退職したのち、縁あって仕えた先生のもとでは8年働いた。会計の専門職「計理士」の資格を持っていたおかげで多くの会社を担当し、他人に頼らず勉強することを教えてもらった。

1957（昭和32）年に、当時5年間の時限立法の特試で税理士の資格を取得。職業で身を立てる、ましてや開業するなど、それまで考えたことがなかった私だが、翌年7月に税理士として独立した。

4坪足らずの事務所に女子職員1名、電話1本とそろばんだけ。ゼロからのスタートだったが、そんなことは気にならないほど私は希望に溢れていた。そして、独立した年の8月には設立されたばかりの「全国婦人税理士連盟」（婦税連、のちに全国女性税理士連盟）に入り、箱根で行われた総会に参加している。以来、私の税理士人生は婦税連とともにある。

知的職業人の誇りを持って美しく団結

婦税連が発足したきっかけをここに記しておきたい。

税理士法の施行により、日本税理士会連合会（日税連）が1951（昭和26）年7月に発足。

翌年創刊された日税連の会報誌『税理士界』に、婦人税理士の寄稿欄が設けられた。１９５３（昭和28）年に全国で33名だった婦人税理士を集めた座談会、そして１９５７（昭和32）年には日税連の協力で熱海で座談会が行われた。そのときの懇親会では、「全国の婦税が残らず集まることができたら」と夢が語られていたという。私が婦税連に入る前の話だ。

１９５８（昭和33）年２月、大阪で開かれた日税連の広報委員会に、東京から加藤愛子先生と吉川美代志先生が参加し、女性税理士の全国組織を作る相談がされたという。同年４月には、大阪の福森壽子先生の呼びかけで関西の婦人税理士７名が集まり、懇話会を発足。その後、各地の婦人税理士と会合を重ね、子どもの夏休みであり仕事も一番気の抜ける時期に集まろうと、８月に集合することになった。これが婦税連全国会の始まりである。

「婦人税理士が真の知的職業人の誇りを持って、美しい団結をしよう」と呼びかけたのは加藤先生だったが、８月10日の創立総会には入院のため欠席。当日の出席者は私も含め17名となったが、会長選挙では入院中の加藤先生が満場一致で選任された。会員の中には乳飲み児を抱いていたり、小さな子ども同伴で参加していた人もいた。発足当時は１年に１回、みんなと会えるのが楽しみという仲良しクラブのようなものだったと思う。苦労があるとすれば17名からスタートしているので、全員が役員にならなければいけなかったことだ。

昔、私が司会となって進めた座談会で加藤先生は、「当時の気持ちとしては、奥さんであり、お母さんである婦人税理士が税務調査の立ち会いに差し支えが出来たような場合に、お互いに協力しあうことが出来ればということと、親睦ということね。そんな雰囲気がみんなの気持ちの中にあったんです」と語っていたことを思い出す。とはいえ、婦人税理士の活躍には目覚ましいものがあった。

日税連の会報誌『税理士界』に掲載された婦人税理士の寄稿欄は、堅くなりがちな紙面を和らげると好評だった。この欄を設置したのは加藤先生。日税連の広報委員だった加藤先生と吉川先生は、今もロングセラーとなっている『税務手帳』に創意工夫を盛り込んだり、月刊誌『税理』の監修も手がけてきた。また、東京では婦人税理士たちがラジオやテレビに度々出演し、税理士ＰＲに寄与した。こうした各人の活動が一つのうねりとなって、婦人税理士の評価を高めていったと思う。

研究活動が活発化していった

定期総会は毎年8月に行われたが、最初の頃は有馬や岐阜長良川、伊勢など近畿・中部地方が多かった。第6回からは定期総会と懇親会を別の場所で行うようになり、親睦を深めることに重きが置かれていたように思う。１９６９（昭和44）年には女性の目覚ましい社会進出により、17名だった会員が３００名に急増。東西支部に分かれての活動が始まり、地域密着のブロック活動に発展していった。

節目の１９６７（昭和42）年に行われた第10回記念総会は東京プリンスホテルで開催。このとき初めて、兵庫ブロックの小林房子先生より研究報告「日本の税法における経済的利益について」が発表された。以来、定期総会は研究報告の発表の場になっている。今も続いているが、私たち会員の大切な財産になっていることは言うまでもない。

１９７２（昭和47）年の第15回記念総会は、京都・宝ヶ池公園に隣接する優美な京都国際会議場にて開催された。馬蹄型の会議机に身の引き締まる思いがしたのを覚えている。このときの研究報告は「夫婦財産について」。夫婦財産制の民法改正に関する要望書提出の特別決議もされた。立派な会場での有意義な総会。出席者が１００名を超えた記念すべき年でもあり、婦税連の活動に大きな手応えを感じたものだった。

当時の新聞には「夫名義の財産　妻に１／２を！　婦税連立ちあがる」と書き立てられ、世間の注目を浴びた。また、私たちの趣旨の良き理解者だった民法学の父・我妻栄先生には、「私個人は賛成だが、法改正の及ぼす点を考慮しなければならない。これは一朝一夕にはできない……」という言葉をいただいていた。

これを受けて婦税連発足20周年に発行した記念誌に、「私達は、道遠きを感じつつ研鑽に励み、常に警鐘を鳴らし続けるべきである」と記したが、この一文によって20年史のサブタイトルを「みち遠くとも」に決めることができた。そして、その題字は、日頃からお世話になっていた市川房枝氏にお願いした。

この20年史で私は出版委員長を務めている。初めての記念誌で、苦しみながらも手探りで作り上げたものだった。

まえがきには、設立から１９７０（昭和45）年までの12年間、会長を務めた加藤先生が素敵なことばを寄せている。

「この稿を書いているとき、一人の青税連幹部の言葉に〝婦税連の着実な研究は、いぶし銀のような輝きがあり、20年間の歩みは、羨ましくもあり、心から敬服する〟と言われた。婦税の皆さんへの有難い言葉としてここにお伝えする」

婦税連の目的は、親睦・相互扶助・税法並びにそれに付随した法規の研究。研究活動は、女性の立場から見た税制と、その時々の税制についての２本柱で、その研究成果を全国総会で発表してきた。それにとどまらず、研究成果をレポートにして世に問うたり、各界に要望したり。商法や税理士法については、婦税連の中に特別委員会を設置し、意見書や要望書を関連省庁に提出している。歴代会長の中にはテレビなどに出演し、税制について語る人もいた。20年史には関連する新聞記事も掲載したが、何かと世間の注目を浴びることが多かった20年だったと思う。

婦税連の会長に就任し記念すべき出来事を体験

婦税連では西日本支部の初代支部長を務めた後、1978（昭和53）年、会長に就任した。会長を務めた2年間は、要望書、意見書作成、国会陳情に明け暮れた日々だった。同時に、税理士法改正対策、夫婦財産に関する要望書作成、一般消費税、規約改正の4つの特別委員会の発足をお願いし、各委員会のメンバーが真剣に取り組んでくれた。

税理士法改正は私の会長任期中に成立したが、厳しい運動の中で会員の熱い支援に励まされたことを今でも覚えている。日税連には「重大な職業法改正にあたっては、各単位会で臨時総会の採決をはかるなど、きめ細かな配慮が欲しく、反対論の渦巻く中を強行採決に移るようなことは厳に考慮して頂きたい」などと思いを託したこともある。

婦税連の長年の運動だった「相続に関する民法改正案」も1980（昭和55）年に成立。妻の相続財産が3分の1から2分の1に引き上げられた記念すべき出来事だった。

また、西ドイツ連邦税理士会の視察団が日税連を表敬訪問したのを機に、西独婦税歓迎晩餐会が催された。挨拶の中で、婦税連の生い立ちと組織、研究活動などを紹介したところ、「任意団体がそのような活動をしているのは素晴らしいことだ。貴連盟の活躍に敬意を表する」と言われた。西ドイツには男女平等の観念上、女性組織はないとのことだったが、帰国後は婦人部の設立について考えてみたいという嬉しい言葉もいただいた。

よく学び、よく遊ぶのが婦税連

年に1回開催している総会は、ホテルや旅館などで開催され、親睦を深めてきた。やがて研究発表の場となり専門家による講演なども加わって、実りある時間となっている。また、総会では、名物行事〝アトラクション〟と呼ばれる会員による出し物が披露されている。20年史を開くと第18回総会にバンド演奏の写真が載っているが、今では各ブロックが総力を上げて披露する、ド派手な演目が多い。

実は私もたくさんのアトラクションに関わってきた。周り

様々な出し物に挑戦

から〝看板女優〟などと持ち上げられると、つい楽しくなってしまい自ら企画を考えたりした。自分で意識したことはないが、マイクを持った途端、人が変わると言われたこともある。人前に出ることに躊躇はないが、とにかく人を楽しませたい一心で動いてしまうところはある。

アトラクションでは、白鳥の湖でバレエを踊ったり、当時人気だった韓国ドラマ〝冬ソナ〟のパロディー、宝塚歌劇の「ベルサイユのばら」ではマリーアントワネット役をやった。サンバ企画では90歳を超えていたが、プロのダンサーに習い、真剣に取り組んだ。〝元ガールズコレクション〟と名付けたアトラクションではファッションショーを披露。

第58回定期総会での筆者（写真右）

出し物の内容は忘れてしまったが、ウェディングドレスを着たこともある。

総会は息抜きの場でもあった。

婦税連が発足した当初、みんな黒づくめのスーツなどでガチガチに固めていた。私も男仕立ての地味なスーツに仕事用の大きな鞄を持つのが常だった。背広にネクタイを締めていた人もいたので、「男性に負けたくない」という気持ちもあったと思う。だから、華やかな装いで総会に出席し、アトラクションでは芸能人顔負けの衣装で演目をこなすようになったことには感慨深いものがある。

震災禍を乗り越えて見えたもの

１９９５（平成７）年1月17日、阪神淡路大震災が起きた。神戸市内も甚大な被害に見舞われたが、震災直後に鎮魂の祈りを込めて行われた「神戸ルミナリエ」は今や光の祭典として定着し、クリスマスシーズンを彩る人気イベントになっている。

婦税連では当時会長だった土居澄江先生の主導のもと、まず会員の安否情報が確認された。また、すぐに義援金が募集され、２月20日には総額８２０万円が全国の会員から集まり、その手早さ・確実さに安堵したことを覚えている。

震災の翌年、私が所属する近畿税理士会は、「阪神・淡路まちづくり支援機構」に組織として参画することを決定。参加する団体は、税理士・司法書士・弁護士・不動産鑑定士・土地家屋調査士・建築士などで、それぞれの専門知識を提供して住宅再建や地域のまちづくりをサポートすることになった。民間ボランティアに専門家集団が一体となって参画した初めてのケースだったという。税理士も神戸の会員の多くが選出され、精力的に取り組んだ。

また、近畿税理士会神戸支部では、震災から2年後の1月17日に、震災の記録誌を発刊している。４６０ページにも及ぶもので、その中には会員たちの実体験による「震災税務事例」69件が掲載された。当時、私たち税理士も被災者だったが、どこにそんなエネルギーと使命感が蓄えられていたのかと思うほどの力作だった。

近畿税理士会で神戸支部長を務める

〝生涯現役〟の言葉の重みを痛感し始めた70代に、降って湧いたような話で自信を持ち始めたことがある。震災後の１９９７（平成９）年、近畿税理士会83支部のうち、数少ない支部長選挙に当選を果たし、神戸支部長を４年間務めることになった。

神戸支部は候補を立てて選挙を行う数少ない支部だった。立候補を打診された際、70代を超えた私にできるだろうかという思いがよぎったが、震災後ということもあり一念発起。新しい改革が必要と考え、神戸支部長選挙に立候補することにした。選挙期間中、女税連の大阪ブロックから応援に駆けつけてくれ、また味方陣営以外の支部会員も応援してくれた。ちょっと意外だったが、神戸支部としては初の女性支部長の立候補だったという。

震災の影響が色濃く残る時期の執行部だった。周囲には「新しいことをどんどんやっていこう。最後の責任は私が取る」と伝え、若い会員の意見をどんどん取り入れ、積極的に動いてもらった。任期中の事業計画には、税理士損害賠償責任問題、インターネット利用に向けた研究、震災関連支援の継続を挙げた。制度的には、税理士法改正問題が具体化の兆しを見せていた。

その当時、神戸支部の会員数は４５０名ほどだったが、兵庫県下21支部（２４００名）の代表としての職務もあった。他士業や商工会などの交流に参加し、とにかく多忙を極めたが、若い会員たちに助けられ、なんとか職責を全うすることができた。

会員業務の支援の一助になればと、インターネット利用のための研究を呼びかけたこともある。多くの会員が参加し楽しみながら準備を進めていき、近畿税理士会83支部の中で、会員が協力して最初にホームページ開設に踏み切ったことは大きな快挙である。

〝お祭り女〟のニックネームをいただきながら、職責を通してボランティア活動ができたことは私に活力をもたらしてくれた。また、任期中に社交ダンス同好会を発足。なぜかチアリーディングを大学生に習い、ミニスカートで臨んだこともある。そこにいる人が笑顔になれば、それだけで私は嬉しい。〝お祭り女〟の矜持とでもいうべきか、天真爛漫に育った神戸っ子は年を取っても健在なのである。

ボランティア活動で人生観が変わった

「女税連でいただいたご恩は女税連で返せ」と先輩方によく言われたが、どうしたらいいのかわからなかった。女税連での活動はある意味、社会貢献につながるものが多いが、税理士という職業を離れて何かできることはないかと模索したこともあった。

あるとき顧問先の奥様に、「こういう団体があるので入会してみてはどうか」と勧められたのが、国際ソロプチミストである。Soroは姉妹、optimaは最良のものを意味し、1921年にアメリカで結成された職業を持つ女性で組織する奉仕団体である。1984（昭和59）年に入会し、さまざまな活動を行なってきた。

国際ソロプチミストは簡単に入会できる団体ではない。入会にはクラブの2名以上の推薦が必要で、さらにクラブ全員の同意がなければ入れない。私が所属したのは神戸東だったが、東灘と芦屋の方が中心になって活動しており、オーナー会社の役員や専門職の方が多かった。月会費と月に一度1時間の奉仕が必要で、それだけに真剣に取り組む人しかいない、素晴らしい活動だった。

クラブでは、各種シンポジウムや講演会の開催のほか、支援事業として各市に車椅子の提供、交通遺児育英会への資金援助、在宅老人向けの電動ベッド購入など多岐にわたる活動をしていた。私は税理士ということで、入会当初から財務を担当。推されて上部組織の役員になったときは、税法に合致した歳入事業活動の検討、事務局の財務の機械化、会員管理システムの構築などを徹底的に整備した。

ボランティア団体の中で、税理士という職業を生かすことができたことはよかったと思っている。また、こうした活動を通して出会った方々とのご縁はかけがえのないものとなった。税理士業のことしか知らなかった私が、他業種の方との交流を通して人生観も変わったのだ。特に企業のリーダーの奥様は内助の功ができていて、多くのことを教えられた。こうした活動を通して、税理士としてのポテンシャルも上がったと思っている。

神戸大水害や神戸大空襲、そして阪神淡路大震災を罹災し、私の周辺は常に変わってきた。一生懸命に生きて、生かされた後には、オマケの人生があって実り多き時間だった。

記念誌も含め広報誌など出版物はすべて大切に保管している。ページを開けば、これまでの自分を振り返ることができる。そこにはいろいろな年齢のいろいろな笑顔の自分がいる。

もうすぐ白寿。純白の着物に扇子をかざし、女税連のアトラクションで踊りましょうか？

私の税理士人生とともに始まった女税連は、家族のように愛おしいものである。そんな思いを抱かせてくれる女税連には本当に感謝している。

第2章　臆さず動いて見つけた一生続けられる仕事

遠藤みち

遠藤（えんどう）みち

1934（昭和9）年東京都生まれ。1971（昭和46）年税理士登録・開業。1992（平成4）年全国女性税理士連盟会長就任。2010（平成22）年筑波大学大学院ビジネス科学研究科修士課程修了。『両性の平等をめぐる家族法・税・社会保障——戦後70年の軌跡を踏まえて』（日本評論社・2016）では、昭和女子大学女性文化特別賞（坂東眞理子基金）受賞。『これからの家族と財産』（ビーケイシー・2001）、主な共著に『配偶者控除なんかいらない!?』（日本評論社・1994）など多数。日本税法学会会員・研究委員、租税訴訟学会会員。

戦争に翻弄された子ども時代

１９３４（昭和９）年、東京・豊島区で生まれた。父は私が４歳のときに亡くなっており、母は私と兄を連れてお舅さんに仕えた。父方の祖父は学校の教員だったので、私たち親子は祖父の恩給に頼る生活をしていた。１９４１（昭和16）年第二次世界大戦勃発。戦争が激しくなってくると地方に行ける者はできるだけ疎開するようにという国の政策で、母・祖母の出身だった島根県松江市に疎開することにした。

松江市内には疎開先がなかったが、東京のわが家で下宿をしていた書生さんの出身地である出雲大社のある町（現在の出雲市）に疎開することができた。私が小学5年生のときだ。疎開した先は農村だったので、畑を借りて野菜を作り、タンパク質にはドジョウやタニシなどをとって自給自足の生活をした。

思えば戦争によって教育体制も変わった時代だった。私が小学校に入学したのはちょうど国民学校になったとき。終戦が小学5年で、私たちが卒業するときには尋常小学校に変わった。中学は学校教育法の制定で新制中学となり、私はその第1期生だ。終戦後もそのまま島根に残り、島根の高校を卒業した。

母の叔父が松江地方法務局の元局長だったため、兄は法務局に就職することができた。私も卒業後の進路を考えるようになった。夢は学校の先生になることだったが、大学進学にはお金がかかる。ただ、国立大学の教育学部ならば奨学金が出るので学費の心配が要らないということで、島根大学の教育学部を受験した。

同じ頃、母の叔父が裁判所の所長と親しいことから、5月の採用試験を受けてみないかと言われた。島根大学に合格したのでしばらく通っていたが、裁判所から合格通知が届くと大学は辞め、松江地方裁判所に勤めることにした。東京への転勤願いが叶った兄は、祖母と母と一緒に東京に帰った。松江での就職を決めた私は、母の実家に下宿して裁判所に通うことにした。当時は高校を卒業して就職しても、女性は結婚するまでのこと。私は一生続けられる仕事、もしくはライセンスが必要だと考えていた。

ところで、私はなぜ、夢を諦めたのだろうか。島根大学を卒業し、島根県で教員試験を受けるとそのまま島根県での採用になる。しかも、県内のどの地域に配属されるかもわからない。私はとにかく東京が好きだったし、家族がいる東京に帰りたいと考えていた。兄のように転勤願いを出すことを考え、裁判所勤めを選んだ。

松江から東京へ、結婚・出産・子育ても経験

松江地方裁判所に入所したが、配属は総務課だった。所長付きになっても仕事はお茶汲みで、なんだか物足りない。周りを観察してみると裁判官は個室を持っており、ベルが鳴ると所員は裁判官室へすっ飛んでいく。雇いはベル1回、2回鳴ったら書記官など、ベルを鳴らす回数で分かれていた。私はまだ若く環境に慣れることに精一杯だったが、そのような状況を見るにつけ、なんとなく違和感を感じていた。

その頃の私は勤めながら大学の夜学に通うのが夢だった。でも、島根には夜学のある大学

はなく、諦めていた。そのうち親戚の人から縁談話が持ち込まれた。早く結婚すれば祖母や母は安心するだろうと考え、お見合いをすることにした。

私の夫になる人は島根県庁に勤めていたが、いずれ東京の大学に行きたいという。それを聞いた私は、「本当は私も東京に行って勉強がしたいんです。勉強して一生できる仕事を探したい。こんな私でよかったら」と言ってしまった。可愛げもなく、よくお見合いの席でそんなことが言えたものだと自分でも思うが、彼はその場で「いいよ」と言ってくれた。

念願の東京への転勤が決まったのは22歳のとき、私は霞ヶ関の簡易裁判所に入った。同時に結婚もして、中央大学法学部法律学科の通信教育を始めた。本当は大学に通うつもりだったが、子供ができたので対面で授業を受けるのは諦めたのだ。

通信教育とはいえ2年間の対面授業が必要で、それも延期。子供が保育園に通うようになってから対面授業を再開した。仕事は年休が20日あるが、私は体が丈夫で病気で休むことはなかったので年休はすべて対面授業に当てた。本来なら4年で卒業するところを6年かけて卒業。仕事と子育て、勉強をこなし、大変だったが、気持ちは充実していた。

中央大学の夜学に通う人は司法試験を目指している人が多かったが、私は司法試験を受ける気はなかった。簡易裁判所には男性が30名ほどいたが、そのうち一人が受かるか受からないかの確率。共稼ぎで子どももいる私が、片手間に勉強したところで叶うものではないだろうと思っていた。

今でもよく覚えているが、試験勉強をしているときに限って、子どもが起きてしまい勉強にならないことがあった。子どもと一緒に徹夜したこともある。今の保育園は０歳児から入れるが、当時は３歳くらいにならないと入れなかった。幸い、実家の母が子どもの面倒を見てくれたので助かった。子どもができたときのことを考え、私たちの新居は実家のすぐ近くにしたのだった。

保育園に入るようになると送り迎えがある。朝食を用意して、子どもに食べさせるのはいつも一苦労。なかなか食べてくれず、時間がないからと牛乳を持たせたことがある。あとで「牛乳飲んだ？」と聞くと、「先生が捨てちゃったよ」と子どもは言う。考えたら、家から持ってきた牛乳を飲んでお腹でも壊したら大変である。忙しくそこまで考えが及ばなかったとはいえ、考えが浅はかだったことを反省したりした。子育ても毎日のように新しい体験の連続だった。

保育園には子どもが小さな自転車に乗って、それを私が押しながら行ったものである。今のように子どもを乗せる〝ママチャリ〟などない。子どもの行動は時間通りにいかないので苦労した。当時は裁判所勤めだったので、夕方5時に退勤すれば迎えの時間にギリギリ間に合った。霞ヶ関から自宅近くの保育圏までは1時間以上。迎えに行くと最後の一人ということも多く、保育士さんからは、「もうちょっと早めに来られませんか」と何度も言われたりした。お迎えの前にスーパーで夕飯の買い物をすることもあった。しかし、買い物していて遅くなったとは到底言えない。買ったものは保育園の入り口に置くなどして、ワーキングママとしての日常もなんとかこなした。

法服を着て、仕事をしたかった

裁判所は試験に受かれば、どんどん上に上がっていくことができる。高卒で入ると「雇い見習い」、次に「雇い」があり、「書記官補」になるには裁判所職員の試験があった。試験は女性でも平等に受けることができたし、裁判所に入った以上、法服を着て仕事をしたいと私は決めていた。

簡易裁判所の民事部には私よりも４つくらい年上の女性が書記官になっていた。その人はお子さんがいて、ご主人も裁判所勤めだったようだ。子どもがいても挑戦できると励みになった。私も試験を受けて書記官補になった。これで晴れて法服を着て裁判に出ることができると思ったが、行かせてもらえなかった。女性は事務官になって、総務とか経理というのがお決まりのコースだったようだ。

せっかく書記官補になったのに、裁判の立ち会いができないのはつまらないと思い、課長に「私も法廷に入らせてください」と直談判した。それでやっと、逮捕令状を出す裁判官室に入ることができた。

このような思い切った行動に私が出たのは、一生働くと心に決めていたからだ。そう考えるようになった理由は自分でもよくわからないが、父を早くに亡くし、母の苦労をそばで見ていたからかもしれない。だから結婚して子どもが生まれても、仕事を辞めるという選択肢は私にはなかった。

女性が仕事を持つことが当たり前ではなかった時代。裁判所でも女性は結婚したら辞めるか、せいぜい子どもが生まれるまで勤めるという人がほとんどだったので、私のようなケースは珍しかった。

公認会計士だった夫をサポート

大学卒業の翌年、長男の小学校入学と次男の出産を機に、11年間勤めた裁判所を辞めた。その頃夫は公認会計士として独立しながら、中小企業診断士としてさまざまな自治体の仕事をしていた。夫の青色事業専従者となり、レポートの清書をするなどサポートをすることが私の仕事になった。

夫は〝企業診断の着眼点〟といったテーマの本を8冊ほど出していた。しかし、悪筆だったため、レポートや原稿の清書は私が担当。私は書くことが好きだったので、それは楽しい作業だった。今、私がよく本を出すのは、夫の影響もあるかもしれない。

一生できる職につきたいと思っていた私は、夫が公認会計士で、その後、税理士の資格をとったことで税理士という仕事が選択肢に入った。公認会計士の試験は1回で受からないとならないが、税理士は科目ごとに合格すればいいので家事や子育てをしながらでも目指せると思ったからだ。次男が小学校、長男が中学校に入るときに勉強をスタートして、1年に1科目ずつ挑戦。次男が中学に入るまでに受かっていればいいと計算していた。次男が小学生の間は専業主婦になって、家事と子育て、勉強、そして夫の仕事のサポートに専念。裁判所勤めでずっと忙しく過ごしてきたが、家族とじっくり向き合うことができた、かけがえのない時間になったと思っている。

私はもともと計画性のない人間だが、税理士試験だけはコツコツ続け合格することができた。当初の計画通り、次男が中学生になるときに試験に合格。税理士登録をしたのは1971（昭和46）年、37歳のときだった。夫の事務所に勤務していたため、それが実務経験となり、翌年には税理士事務所を開設することができた。

夫は企業診断士の仕事をずっとやっていたが、そろそろ公認会計士として独立を考えていた頃だった。私が裁判所時代に同じ総務課だった人の先輩のご主人が弁護士で、私が夫のことを話したら、「公認会計士がいるといいから、うちの事務所に来ませんか」と言ってくださった。夫はお茶の水の合同事務所に入り、公認会計士として開業することになった。私は自宅を事務所に、一人で開業することにした。

税理士試験に合格したので、息子の友人のご家族に挨拶に行ったところ、大原簿記で所得税の講師はどうかというお話を頂いた。講師など未経験なので夫に相談したら「それは断れないよ」と言う。清水の舞台から飛び降りる覚悟で引き受けることにした。その後、税理士の受験教室を開くので、所得税の講師をしてほしいと依頼された。受験生に教えるには、とにかく条文を読みこなさないといけない。税法の解釈は解説書を頼りにするのではなく、条文を読み込む、そして考えることが必要だと痛感した。結局、税理士受験教室の講師は5年ほど続けた。

しかし、こうしていては本来の税理士業務はできないと思い始めた頃、遠い親戚から店を開くので帳簿を見てほしいと頼まれた。経理の経験はなかったが、簿記の勉強はしているので引き受けた。この経験を発端にして、さまざまな仕事が舞い込んだ。知り合いから紹介され、公認会計士だった人の顧問先を引き継ぐこともあった。

税理士として多くの顧客を持つことはなかったが、勉強が好きで、本を書いたりするほうが性に合っていた。夫がいたので、自分の好きなことに時間を使うことができた。

婦税連の研究部として活動

税理士事務所を開設した年、全国婦人税理士連盟（婦税連、のちに全国女性税理士連盟）に入会した。きっかけは市吉澄枝先生。先生のご主人が公認会計士で、企業診断の仕事を通して夫とは知り合いだった。家も近く、以前夫からは「市吉先生の奥さん、税理士試験を目指しているそうだよ」と聞いていた。

税理士試験に受かったとき、市吉先生に挨拶に行った。それで親しくさせていただき、婦税連のことも知った。入会した翌年の総会での研究発表「夫婦財産について」（村山きよ子会員ほか）に感銘を受け、研究部の魅力に取り憑かれてしまった。せっかく入会したのだから、何かの部に所属し活動することが自分自身を高め、顧客にも役立つだろうとも考えた。女性の地位向上に関する問題や、税制と税法の問題に取り組んだ。研究部の活動は楽しく、婦税連は私の大切な居場所になった。

当時、私の主な研究テーマは内助の功によって夫から財産をもらうのではなく、妻も働いて自分の財産を形成していくことが望ましいというものだった。その願いを込めて、婦税連の第20回総会のときには、研究部長として「明日の女性像を求めて」を発表。その2年前の1975（昭和50）年は国際婦人年で、第1回の国際婦人会議が開催され

第55回記念総会エクスカーションに参加

潮流にも合っていたと思う。この流れは、第35回総会記念行事（松浦圭子会長）「21世紀を支える女性と税」のシンポジウムに引き継がれ、その後の世論を大きく変えることになった。

社会に一石を投じるつもりで出版

女税連の書籍として、『妻たちの税金』、『租税手続べんり事典』、そして１９９４（平成６）年には、『配偶者控除なんかいらない⁉』を出版した。特に、配偶者控除の本は、そのタイトルもあって物議を醸した。シンポジウムの記録として作ったブックレットが出版社の目に留まり、日本評論社から依頼された本である。

この本を出版するのは簡単ではなかった。女税連では配偶者控除について廃止という合意をしていないため、このようなタイトルにしたことで、役員会で議論があり問題となったのだ。女税連としては内助の功を尊重する立場をとってきた。結婚したら家庭に入って夫に尽くし、その結果、離婚したら財産を分けてもらうことを主張。そのときの取り分も３分の１から２分の１に増やしていたからである。

ただ、仕事を持ち自分で稼いでいる女性にとって、配偶者控除や内助の功は次元の違う話になってしまう。女性が家事育児を主に担い、配偶者控除が受けられる範囲で働くことが、〝夫婦間で最も節税になる〟ということが浸透していることに問題があった。私たちは女性の立場からこのことを問題とし、この範囲で働くことが本当にトクなのか、また、これからの高齢社会を乗り切れるのかなどについて、社会に一石を投じようとする狙いがあった。

役員会からクレームも出たが、出版社はこのタイトルでいきたいという。本は「配偶者控除はいらない」と断言するものではなかったが、タイトルの末尾に「⁉」をつけることでなんとか収まった。

配偶者控除や100万円の壁が女性の社会進出の足枷になっていないか、育児や介護を自宅でと望む人たちにとって公平な制度とは何かなど、外国の税制や社会制度を紹介しながら10名のメンバーで書いた本である。賛否両論大いに歓迎、議論しましょうという気持ちもあった。

この本を出版して以来、マスコミから多くの取材や原稿、そして各所から講演の依頼が舞い込んだ。税制調査会の答申でも今後検討すべき問題点として取り上げられた。また、首相の諮問機関である経済審議会で、「配偶者控除を撤廃」として提言された。これを受け、テレビ朝日のニュースステーションで配偶者控除問題の特集があったが、私は当時、会長だったこともあり執筆者の一人として取材を受けた。また、配偶者控除に関わる論文などで引用されることもあり、シンポジウムなども多数開催された。

かつて婦税連の創設者・加藤愛子先生が「婦税連は、社会に石を投げなさい。そして、波紋を起こさせなさい」とおっしゃっていた。大げさかもしれないが、この役割の一端を果たすことにもなったのではないだろうか。

74歳にして筑波大学大学院に入る

私は勉強が好きだったが、結婚・出産・育児が大学進学と重なり、通信教育で勉強することになった。肩書きでは中央大学法学部卒業だが、もっと学びたいという思いはいつもあった。

二人の子どもも大きくなり手がかからなくなったので夜間でもいいから大学に行こうと思って資料を集め始めたら、夫が脳梗塞で突然亡くなってしまった。56歳の働き盛り、次男はまだ高校生だった。私は大学に行くことは諦め、夫の仕事を引き継ぎ、長男の嫁として姑と一緒に暮らした。自分が家族を支えるという覚悟を持ち、働くことに専念したのである。

姑を見送り、しばらく経つとまた転機がやってきた。

東京・文京区にある筑波大学東京キャンパスでの税理士会の研修会。そこで知り合った税理士が「ここの学校は税理士だと楽に大学院に行けるのよ」と教えてくれた。税理士の場合、試験はなく、面接と書類専攻で受験できるとのこと。私は74歳になっていたが、事務所も近く通いやすいこともあり挑戦することにした。合格することができ、筑波大学大学院ビジネス科学研究科に入った。

その懇親会の席で私の隣に座った教授が、「ご年配の方がお入りになったと聞きましたが、あなたでしたか」と声をかけてくれた。「はい、そうです」と答えると、「こんな歳の人が大学院に入って、論文を書かないといけないのに大丈夫なのかと、教授会で問題になった」と言われた。ただ、最初に書類選考をした人が、「この人は過去に論文をたくさん書いているようだから大丈夫ですよ」と言ってくれ、入学が認められたという。

期末試験はすべて論文だったが、１科目を除いて成績はすべて「優」だった。社会人も通いやすいように、講義は夜間と土曜日。昼間は事務所で業務をこなし夜はできるだけ講義を聞き、２０１０（平成22）年、無事に修了した。私が大学院を修了するとき、孫が筑波大学に入学し、「先輩ね」と言ってくれた。そして彼女は筑波大学の先輩と結婚したので、身内が増えたように思った。

大学院では社会人コースだったので、税理士や国税局の方がおられ、帰りに食事をしながら話が弾み、楽しいひとときを過ごすことができた。

私にとっての集大成を出版

大学院を修了し時間にゆとりができたので、これまで書いてきた論文などを元にして１冊の本にまとめようと考えた。目次を書き出し、さてどこに頼もうかなと考えていたとき思い出したのが『配偶者控除なんかいらない⁉』でお世話になった、日本評論社。かつて担当してくれた編集者と連絡が取れ、出版のことを話すと、社内で検討してみるとのこと。それで企画書を作って提出したら、ゴーサインが出て出版できることになった。

『両性の平等をめぐる家族法・税・社会保障――戦後70年の軌跡を踏まえて』は384ページというボリュームたっぷりの本で、憲法24条の視点に立ち、両性の平等、夫婦同権に関わる民法・税制・社会保障に踏み込んだものだった。女税連では研究報告も含め、共著で書くことが多かったが、一人で取り組んだ初めての本である。私にとってはこれまでの集大成というべきものになった。嬉しいことに、この本で「第9回昭和女子大学女性文化特別賞（坂東眞理子基金）」をいただくことができた。

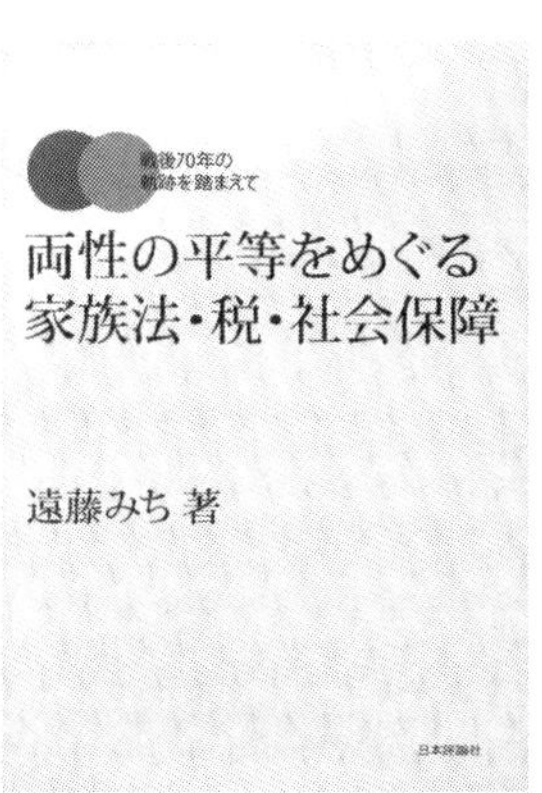

本を読んだ高校時代の同級生からは「次はもっと僕たちにもわかるものを書いて」と言わ

れていた。５年ほどかかったが、以前、別の本でお世話になったビーケイシーの社長さんが「何か本を書きませんか？」と声をかけてくれたこともあり、書くことにした。『暮らしにかかわる法律と税金』はジェンダーの視点に立ち、夫婦のあり方、そして結婚のとき、離婚のとき、相続のときにどうなるかを紹介している。家族や財産の身近な知識として知っておきたいことをQ＆A形式でまとめたため、わかりやすい内容になっている。

新しい企画を形にしたい

池袋の事務所には今も毎日通っている。在宅ワークが一般的になったが、私は家を出て事務所に来ることで気分が変わるので、同じルーティンを続けている。税理士としての仕事は今はパソコンなので所員が行い、私がチェックしている。あとはメールの返信をしたり、郵便物の整理をしたり、電話での相談を受けている。

今後は〝我がきた道〟というタイトルで、自分史のようなものをまとめたい。今までの論文リストなども載せた小冊子を作りたいと作業している。

以前、税法学会で慶應大学法学部の木村弘之亮教授に勧められ、共著で本をまとめたことがある。メンバーは私以外、慶應大学の人見康子先生とそのお弟子さん、そして木村教授だった。せっかくお誘いを受けたので、研究メンバーにしていただいた。人見先生の『現代夫婦財産法の展開』を図書館で見つけ、私が夫婦財産制に取り組むきっかけとなった本の著者であることに驚いた。少し気後れしたが、挑戦させていただいた。税法学会ではよく論文も書いてきた。今後、本を出すなら、税法に関するものもいいなと思っている。

税法学会や訴訟学会など自分の職業を超えた世界での関わりがいくつもある。私は書くことがとにかく好きで、いろいろなところで書いてきたが、それを見た人から原稿執筆の依頼がくる。

私は、「こうだよ」と言われると、「どうしてそうなの?」というふうに考えるような人間で、昔から探究心があった。自分で調べ、知識を積み重ねていくことの楽しさを知り、知らない世界にもどんどん飛び込んできた。

仕事への情熱はそうやって続いていくものなのかもしれない。夫と出会ったときに宣言(?)した「一生働きたい」という言葉は今も変わらず持ち続けている。

第3章

無地のものに色をつけ、心を映しながら

土居澄江

土居澄江（どいすみえ）

1938（昭和13）年香川県生まれ。高校卒業後、会計事務所に就職。1971（昭和46）年税理士登録、勤務税理士として5年間勤めたあと、1976（昭和51）年土居澄江税理士事務所開業。1994（平成6）年全国女性税理士連盟会長就任。2006（平成18）年～2010（平成22）年まで京都市固定資産評価審査委員。

高校卒業後、税理士事務所に就職

私の父が出版社を経営しており、顧問税理士をお願いしていた税理士事務所に就職した。最初は総務のような仕事をしていたが、やがてさまざまな業務に携わるようになり、自然と税理士を目指すようになった。

事務所の先生は国税局の職員から開業した方で、個人経営の小さな会社から上場企業などの顧問先まで広範囲な業務をしていた。私は高校は普通科だったため、簿記などの知識は全くなかったが、無地のものに色がつくように、いろいろなことを吸収することができたと思う。とてもいい勉強をさせていただき、有意義な時間を過ごすことができた。

その頃、税理士試験の受験資格を取得するのに10年ほどかかったのではないだろうか。受験資格を得たら絶対に2年で税理士になると決めていた。勉強に集中するため、勤めていた税理士事務所は退職することにした。

勉強が順調に進み、目標通りの2年で合格できたのは、実務経験をたくさんさせていただいたからだ。理論と実務をドッキングさせることができ、スイスイ頭の中に入っていった。受験するからには2年で取りたいという強い信念も、追い風になったと思う。1年目は4科目を受けてすべて合格。翌年に残した1科目も合格し、税理士資格を取得した。

税理士登録は1971（昭和46）年1月。周囲からは「独立してやりなさい」といわれたが、自分の力量では難しいと思い、勤務税理士として事務所に入りお世話になることにした。

勤務税理士として働いた期間は短かったが、いろいろなことを学びながら仕事をさせていただいた。さらに独立の際には顧問先をいただくことができ、このご恩に報いるような税理士にならなければと身の引き締まる思いだった。これまで指導してくださった先生方とのつながりは大切にしてきたが、そこでの実績が功を奏し、他の仕事にもつながった。

当時、税理士は稀有な職業だったと思う。そして男性が多い業界だった。だからといって、女性であることを理由に顧問先から偏見を持って対応されたことは一度もない。税理士は国家資格であり、社会的地位も保証されるものだった。専門職のため、先方もそれなりの敬意を持って接してくれた。

税理士登録した年に入会した婦税連

税理士登録をした年に、全国婦人税理士連盟（婦税連、のちに全国女性税理士連盟）に入った。新合格者祝賀会に参加した際、神戸の大城戸武子先生と広島の藤岡倫子先生が話をされていて、このような人たちがいる組織にぜひ入りたいと思った。迷いは全くなく即決だったことを覚えている。以来、私の税理士人生は婦税連とともにあったと言っても過言ではない。

加藤愛子先生、福森壽子先生、吉川美代志先生が、虹のかけ橋のために行脚しようと誓ったこと、それも、税理士として確たる地位を築きながらチャレンジを続けていたこと……。婦税連を組織したきっかけや、その活動をすぐそばで見ることができて幸せだった。苦労を苦労と思わず、のびのびと、そしてしなやかに活動する姿には教えられることも多く、深く心に刻むことができた。

婦税連の活動の中で学んだのは、何か指名を受けたら環境の許す限り引き受けるということ。婦税連でのさまざまな経験は、新しいことを吸収することにつながったと思う。高校卒業後、就職した際もそうだったが、一つひとつこなしたチャレンジがポテンシャルを高めてくれたと思っている。


各種行事などの参加にはお金もエネルギーも必要だが、それらを超越するほどの得難い経験ができ、税理士としての財産になった。婦税連に大きく育ててもらった。婦税連での活動は私の核となり、自負にもなっている。

その一つに研究活動がある。１９７０（昭和45）年、配偶者に対しての税制改正の要望書、また１９７３（昭和48）年には民法改正の要望書が提出された成果をもとに、１９７６（昭和51）年の神戸で開かれた第19回定期総会では、「婦人の立場から見た税法上の問題点」（配偶者編）を発表する機会をいただいた。税理士になってわずか5年だったが、その研究成果は社会への働きかけに結びつけることができたと思っている。

今でも忘れられないのは京都の都ホテルで行われた第21回定期総会のこと。組織の仕事は勉強になると世話役を買って出たものの、冷や汗ばかりかいていた。総会では「天下り税理士問題」に緊急動議が出され、終了時間が40分も遅れてしまう。その後の時間調整も含め、会を進めることの難しさを痛感した。さらに、京都を楽しんでもらおうと市内散策を企画したが、例年にない暑さに住み慣れた私でも閉口し、タクシー散策になったこともイレギュラーな出来事だった。

１年に一度、全国各地で開かれる定期総会は会員にとって楽しいものだ。ホテルで開催することが多く、〝晴れの場に出掛けたい〟、〝おしゃれを楽しみたい〟という女性ならではの願望を叶えてくれるからだ。また、定期総会では会員が演目を披露するアトラクションも楽しみの一つである。特に大城戸先生は、そうした楽しい雰囲気を率先して作ってくださった。企画を考え、若い人たちを巻き込み、自らも舞台に立っていた。仕事も遊びも一生懸命。みんなエネルギーに溢れているのだ。

こうした婦税連ならではの雰囲気は、若い人にこそ経験してほしい。アトラクションや研究発表、著名人の講演会もある定期総会は、日常にはない経験とやる気をもらえる場なのである。

規約検討委員会委員長から会長に

1994（平成6）年から1996（平成8）年まで婦税連の会長を務めた。その前には、研究部の部長を2年務め、規約検討委員会委員長としてもさまざまな活動を行なった。

研究部では主に女性と税制の問題点をまとめていたが、誰もが興味を持てる内容を取り上げることも大切だと考えていた。その頃の社会状況を受け、現行税制などをテーマに研究したこともある。

研究部は新入会員の登竜門でもあり、部長として若い会員を育てていくことにも力を注いだ。今もよく取り沙汰される世代間ギャップはその頃にもあったが、価値観が違うのは当たり前。その上で、分かり合うためにどうすればいいかを考え、なるべくマンツーマンで話をするようにした。

規約検討委員会で扱った内容は、時代の流れを写していると思う。１９９１（平成３）年当時、「婦人」という文言とそれに伴う連盟の名称について検討事項に挙げていた。「婦人」という言葉にはさまざまな解釈があり、当時、一部行政では「女性」に改称しているところもあった。その理由は１９７５（昭和50）年の国際婦人年をきっかけにして、婦人を女性と言い換える動きが各省庁を軸に始まっていたからである。また、「婦」という字は、女が箒を持った姿を文字化したといわれ、「性別役割分担の象徴」ではないかという議論があった。さらに、婦人という言葉は、年配者や既婚者を指すことが多く、男性の対語となる女性のほうが好ましいという意見も出ていた。

婦税連は、未婚、既婚、年齢を問わず女性であることを基に、男女平等についての提案をしてきた。時代の流れから言えば、「全国婦人税理士連盟」という名称も検討すべき時期だったが、長い歴史を踏まえ、その必要性の可否を慎重にしなければならなかった。とはいえ、条文中の「婦人」は、「女性税理士」が日常用語となっていたので「女性」への変更を提案した。規約改正は定期総会で審議をとることになっているが、名称改正の件は、私が会長に就任した年の定期総会でも継続審議となった。任意の組織団体が故に、難しい面が多々あると痛感したものだ。それだけに、会長として全国各地にいるすべての会員を視野に、参加したくても参加できない会員の意見にも耳を傾けながら組織運営をすべきだと感じた。

会長として私が最もやりたかったのは組織を拡大することだった。当時、連盟への在籍状況を含めた現状把握が必要と考え、まずは私が所属する近畿税理士会を調べたところ、会員総数が11673名のうち女性税理士は674名。そのうち婦税連の入会者数は234名でその割合は35％と低く、特に若年層の入会者が少ないことがわかった。私は、会報誌にてその原因を一緒に考えましょうと呼びかけた。

そのほか、事務局の独立や、事務合理化のためのＦネットの利用、規約改正と組織内の充実、税理士職責委員会の設置などできることから少しずつ着手していった。

阪神淡路大震災を経験して

会長となった翌年の1995（平成7）年1月17日、淡路島北部を震源とする地震が発生した。国内で初となる震度7を観測した大きな地震に、政府は阪神淡路大震災という呼称を決めた。

とにかく会員77名の安否確認をすぐにやらなければならないと思った。全国各地の会員が心配していたので、できるだけ現場を見て、あるいは現場の話を聞いて速報の形で伝えることにした。

迅速かつ確実に伝えることが責務と思い、19日から連続して5回に分けて、被災会員の安否情報を伝えることができた。そして婦税連として何ができるか、役員で検討した結果、義援金を募ることに。予想をはるかに超える820万円余のお金が集まり、お見舞いとして速やかに贈ることができた。

また、西日本支部が中心となり業務支援を行うことになった。事務所の使用や長期宿泊、ワープロやコピー機の貸し出し、事務所や自宅の片付けなどその内容は多岐に渡った。同年4月15日には新神戸オリエンタルホテルで「励ます会」を開催し、被災会員34名を招待。会員の口から語られる体験談は筆舌に尽くし難いものがあり、鮮明な記憶として残っている。実は被災に関わる税法や社会保険の資料などを送っていたが、それどころではなかったという話もあった。現状に合った支援とは何かを考えるきっかけになった。

婦税連の会報誌では臨時増刊号を同年10月10日に発行。11ページという決して少なくないページ数を割き、現状報告や被災会員の体験記、アンケートの集計結果を掲載した。発刊の言葉には、婦税連の対応が業界の他団体に比べ、迅速かつ細やかだったとの評価を受け、日税連発行『税理士会』に掲載されたことを取り上げている。そのほか、ボランティア活動をはじめとする動向や近畿税理士会で行った法制上の対応などを紹介した。

出版物を制作することへの思い

会報誌や記念誌の制作に関わる活動には数多く参加してきたが、いつも思うのはプロセスが大事であるということ。父が出版社を経営していたので、本作りには特別なこだわりがあり、間違いがないようにチェックする「校正」という作業を常に大切にしてきた。

記念誌では、20年史『みち遠くとも』、30年史『歩みそして歩み』、40年史『凜として』、50年史『ひとしずく大河となりて』の編纂に携わってきたが、特に50年史には強い思い入れがある。京都の広告会社にデザインを依頼し、表紙はデザイン、質感にもこだわった。活動と資料の２冊に分け、一つの箱に収めるようにしたのもそのときが初めてだった。連盟が発足した当初の資料を集めるのは大変だったが、集大成を完成させることができたと思う。節目の年にふさわしいものになったと自負している。もちろん、校正にも力を入れ、最後まで自分の目で確認することに注力した。

20年史の出版委員長だった大城戸先生は、「20年史は自分の子供みたいなもの、50年史は孫みたいなもの」と言っていた。確かに、出版物の中に詰め込まれるのは、連盟の歴史そのもの、いいことも悪いことも含め、愛おしいものがある。記念誌の制作では、先人から受け継いだものをどう伝えるかという基本的なことに立ち返ることができた。それは、私にとって大きな糧となっている。

１９８１（昭和56）年に発刊した『あなたと相続～相続法改正～幸せな日々のために』は、花が飾られた乳母車の表紙が印象的である。相続法改正のタイミングに発刊したもので、婦税連として初めて発行した小冊子だった。大城戸先生などが中心になって作った冊子だが、私も編纂に携わっていた。先輩方が制作する様子をそばで見ることができ、素晴らしい経験ができたと思っている。

家事は仕事のいい気分転換に

どのような職業でもそうだが、女性の場合、仕事と家庭の両立をどうするかで岐路に立つことがある。私の周りの女性税理士を見ていると、どうしても家庭に重きを置くこととなり、仕事とのバランスに難しさを感じている人が多いようだ。女性が働くことは当たり前になっているので昔のように気負う必要はないはずだが、日本のジェンダー・ギャップ指数は世界ランクで１１６位（２０２２年）で、先進国の中で最低レベル。このようなデータを見てしまうと、日本ではまだ配偶者の理解が足りないと感じる。

私は両親と共に過ごしてきたが、帰宅時間が不規則だったためマンションを購入し一人住まいをしていた。仕事中心の生活だったが家に帰ればそこは憩いの場で、台所に立つことは何よりも気分転換になった。仕事で行き詰まっていたとしても、家事という別のものに目を向けることで発想の転換ができたりする。もともと散らかっているのが嫌いなので、片付けや掃除も苦にならなかった。家事に限らず、どんなことも義務感でやるとつまらないが、自分のためにやっているとしたらどうだろう。私は心地よく過ごすために部屋を整え、自分が食べたいものを作るという感覚だった。両親をはじめ家族は、そんな私の性格を理解してくれていたので、家はいつも憩いの場だった。

今は情報が溢れ社会的背景も異なるため、昔と同じというわけにはいかないが、働く女性が抱えているものはあまり変わっていないような気がする。忙しくても考えることを止めずに、自分で導き出した知恵で乗り切ってほしいと思う。

顧問先の社長さんから聞いた言葉をずっと大切にしてきた。「できない、無理だ、が出発点。

ひとつのテーマを与えられたら7通りの答えを考えよ」

7番目が最善策とは限らないが、7つ考える努力こそが最善を生み出すという意味である。税理士は法律に従い、税を解釈・適用することで業務を行なっている。その過程で納税者のために守るべき権利は守ると言う姿勢を堅持しているのだ。同時に、税の現場から、制度のあり方や問題点を十分に考えた上で改正を提案することも重要な責務だと思っている。どのような場面でも、7通り考える努力を尽くすことが大切である。

税理士の仕事と社会貢献活動

女税連の活動には、要望書の提出といった社会貢献がある。長年の活動の中心にもなっているもので、税理士として多くのことに取り組んできた。この活動とは別に私は、職業を持つ女性で組織する奉仕団体・国際ソロプチミストには割と早い時期から入れていただいた。当時、京都には2つのクラブがあり、私が所属するクラブは裏千家お家元の奥様が中心だったが、メンバーは老舗の女将ばかり。多くのことを学ばせていただいた。それと同時に、歴史を紡いできたからこその苦労も知ることができた。

簡単に入会できるクラブではないが、私は税理士ということで、「あなた会計できるでしょ」と声をかけていただいた。私の特性を生かすことで、喜んでいただけることに誇りを持つことができた。

ソロプチミストの世界大会が開催された際、わたしたち京都のメンバーは揃って着物で参加したことは今でもいい思い出だ。こうした経験も含め、さまざまな社会勉強をさせていただいた。また、税理士だから税金のことだけをやっていればいいというものではなく、人とのコミュニケーションをどうとるかは大切なことだ。

国際ソロプチミスト世界大会に参加。右端が筆者。

税理士は会社社長とのやりとりも多いが、京都にあって老舗というのは特別な存在である。接点を持つことさえ叶わない方たちと活動することができたことは、私の糧になっている。コミュニケーション力も養われたと思う。

京都で仕事をするということ

税理士としてどこに出ても恥ずかしくないよう、マナーや身だしなみには常に気をつけてきた。顧客は会社の社長をはじめとした目上の人になる場合も多く、特に身だしなみを整えることは大切である。

とはいえ、高価な服を身につければいいというものではない。私の場合、老舗洋装店でオーダーメイドを依頼しているが、自分のサイズに合ったものは何年経っても型崩れせず、きれいなまま着ることができる。それはきちんとした着こなしにつながり、身だしなみを整えることになる。ワンピース一つをとっても15年、20年と長く着ているものが多い。デザインはワンパターンでよく、同じ生地でボウタイを作ってもらいアレンジを楽しんだりしている。この洋装店とは長いお付き合いなので、任せておけば大丈夫という安心感もある。京都には１００年を超える老舗が多いが、信頼の上に成り立つ仕事がある。

税理士の仕事も同じで、長いお付き合いの中で育まれる信頼はある。そして話をしているうちに、何を求められているのかがわかってくる。求めに応じているうちに、相続対策をきちんとやるべきだなどと気づく。これは京都式というべきものだが、先方との距離を適度に保ちながら気持ちを慮り、直接的な表現を避けることが大切である。どのようなビジネスにも通じるマナーだと思うが、いかがだろうか。ここに奥ゆかしさが加わるのが京都でスマートに仕事を進めるコツでもある。

タイミングを見てこちらから提案すると、「実は思っていたけど、なかなか言われへんかって嬉しいわ」と言われることも多い。こうした経験を一つ一つ積み重ねていくことは、自信になる。そして、別のクライアントへのアドバイスにつながっていくものである。

京都では人を紹介するのに慎重な人が多い。今思えば私は恵まれていた。よく紹介していただき、仕事の幅を広げることができた。税理士の仕事は長い付き合いになるので、仕事の能力はもちろんだが、人柄が重視される。例えば老舗の女将と接点を持つことができたこともそうだが、弁護士からの紹介で仕事を引き受けることも多かった。

私は顧客に対して、何ができるかを自分から口にするのはおこがましいと思っている。先方から意見を求められたら別だが、経営のことまで口に出さないようにしていた。ただ、経営者が孤独なこともよく知っている。まずは親身に話を聞くことが大切で、いろいろと話をしていくうちに、次の展開が見えることもある。

私は決算のときにだけ行くのではなく、月次で伺うようにしていた。そうすると経営者の考え方が見えてくるし、知らなかった情報を得ることもある。その結果、課題や問題点に対して提案できるようになる。

税理士の業務は廃業した。パソコンの時代となり、税法も年々改正され、それをインプットするのは大変なことだからだ。「仕事に支障をきたさないうちに」と廃業を決意し、整理を始めた。これまで担当してきた顧問先はすべて、分けていただいた事務所にお返しした。

今は〝積ん読〟だった本に手をつけたり芸術鑑賞を楽しんだり、これまでできなかったことをして過ごしている。最近は日本の伝統文化に興味が湧き、金剛能楽堂のメンバーになって京都ならではの文化も楽しんでいる。継続して観ていると、いろいろなことがわかってくるので新しい気づきもある。今85歳だが、仕事にはなかった過ごし方を見つけ、自分の感性を磨きながら知的好奇心を満たす毎日である。

第4章　経営者の味方になることを使命に

上月英子

上月英子（こうづきえいこ）

1938（昭和13）年兵庫県生まれ。1974（昭和49）年税理士登録、上月税理士事務所開業。1988（昭和63）年全国婦人税理士連盟西日本支部長就任、1993（平成5）年近畿税理士会常務理事経理部長就任、2002（平成14）年全国女性税理士連盟会長就任、2003（平成15）年政府税制調査会委員就任。宝塚商工会議所総務常任委員会委員長就任、2022（令和4）年副会頭就任。

負けず嫌いの性格は子どもの頃に培われた

私が生まれたのは母の実家があった神戸である。父はすでに戦地に赴いており、2歳になるまで父の顔を知らずに育った。同僚から「上月の日報」と言われていたようだが、父は戦地からしょっちゅう母に手紙を送ってきた。検閲済の判が押してある手紙のいくつかが今も手元にあるが、私のことを気にかける言葉も見受けられ、読むたびにあたたかな気持ちになる。

父は私が2歳のときに一度戦地から戻り、1年ほど一緒に暮らしたが、その時の写真が残っている。庭先に椅子を出し、私を膝に抱いた父が満面の笑みを浮かべている、穏やかで幸せな時間を象徴するような写真だ。

2度目の出征があったが、帰還の希望を持っていたからか、しばらくは明るい調子の手紙が届いていた。そのうち戦況の緊迫を伝えるだけの手紙が来るようになり、１９４４（昭和19）年12月31日、父はペリリュー島で戦死した。

大黒柱を失った母は、姑とソリが合わず幼い私を連れて婚家先を出ることになった。父は上月家の長男で、その忘れ形見の私を生活力のない母が育てるのは無理だからと子どもを置いてゆけと言われたが、その反対を押し切り家を出た。

母の実家は代々庄屋を務めた地主で母はいわゆるお嬢様育ち。茶道や華道の師範は持っていたが、生活の足しにはならなかった。慣れない仕事に疲労困憊しながらも私を懸命に育ててくれた。このときの母の苦しみは子どもながら薄々感じていた。私を立派に育てて婚家先を見返したいという思いがあったのだろう。母は子どもだった私に「人に負けてはいけない」と言い続けた。

小学校の卒業式のときに校長先生が語った「為せば成る　為さねば成らぬ何事も　成らぬは人の為さぬなりけり」という、上杉鷹山の言葉が忘れられない。負けず嫌いの性格は子どもの頃から培われたものだと思っている。

私が成人する頃、母は知人と共同で事業を行っていたが、その共同事業者の親戚の次男坊が私の夫である。事業の後継者にするなら養子に出してもいいと言われ、父の墓を守るため、上月姓を子孫にまで受け継いでほしいと考えていた母にとって理想的な婿だった。当時の私は英学院で外国人教師から英会話を習い、ドライブや読書など趣味を楽しみながら青春を謳歌していた。夫はそんな私を受け入れ、買い物や美容室の送り迎えをしてくれるような優しい人だった。そして、正義感が強く、弱い者いじめは絶対に許さない。夫がバトンタッチされた会社の経営に行き詰まったときも、この性格ゆえ損をしたり苦しんだりしていた。

一家の大黒柱を失い、税理士を目指す

夫は小さな紡績会社を経営していたが、多額の受取手形が不渡りになり会社を整理することになった。せめて今残っている財産や自分の私財を債権者に分けたい、従業員に退職金の一部でも渡したいと考えていたが、債権者から人海戦術で軟禁状態にされ昼も夜も印鑑を押せと迫られた。一人で応対していた夫は疲労と睡眠不足で衰弱していった。結局全ての財産

が一部の債権者に渡り、整理がついた。

このとき経営者は辛いものだなと痛感した。それと同時に経営者の責任の重さも改めて知った。技術はあっても経営に関する知識が足りなかったのだろう。夫の会社も税理士は雇っていたが、経営に関するアドバイスは一切なかった。いいようのない悔しさが込み上げてきたが、それをぶつける相手もおらず、「経営者の片腕になりたい、夫のように気の毒な経営者は出したくない」と強く思った。私が税理士という仕事を選んだ最大の動機である。

会社は整理したものの、私たち家族には住む家さえない。夫はすぐに仕事を探したが、倒産した会社の経営者を雇ってくれるところはなかった。ないない尽くしに途方に暮れていたとき、かつて会社に出入りしていた運送会社が声をかけてくれ、夫は運転のアルバイトを始めることになった。経験がなかったので近回りをしていたが、それではあまりお金にならないからと、長距離運転のアルバイトをすると言い出した。

初めての長距離勤務は神戸から静岡まで。その帰り、岡崎で事故に遭い、夫は帰らぬ人となった。

母と３歳の息子を抱えた私は夫の死を悼む間もなく、とにかく生活に困った。それまで夫の事業を手伝ってはいたが、まともに働いたことがなかったからだ。それでも小さな会社に就職することができ、毎日の生活に追われながらも一生懸命に働いた。経営者の役に立ちたいという気持ちは常にあり、そんな仕事ぶりが認められたのか、経理一切を任されるようになった。

連日夜遅くまで働いたものだが、帰宅するとすぐ部屋にこもり、税理士試験のための勉強。小さかった息子の世話など家事一切を母がやってくれたので、乗り切ることができたと思っている。

働きながら独学で勉強し、５年で合格

税理士試験は科目単位の受験が可能で、１年に１科目だけ受けることもできる。働きながら目指したかった私にとってまさに好都合だった。30歳のときに勉強をスタートしたが、全

て独学。合格したのは1973（昭和48）年で、35歳になっていた。税理士事務所に入ることも考えたが、今とは違って家族3人が食べていけるだけの収入にはならない。合格から3ヶ月後、宝塚の自宅で開業することにした。

全てがゼロからのスタートだったが、それまで勤めていた会社に出入りしていた人たちが顧客になってくれることもあった。開業して家にいることが増えると、小学校3年生だった息子が、「うちにもお母さんがいたんだね」と母に言ったという。今では笑い話だが、その当時は息子に寂しい思いをさせていたと心を痛め、母への感謝の気持ちでいっぱいになった。

母のサポートがあったから乗り越えることができた

会社勤めを辞め、税理士事務所を開くことにまったく躊躇はなかった。1974（昭和49）年、「上月税理士事務所」を創業。「飛び込んだ以上、できなかったらダメだ」と自分を追い込みながら、必死で働いた。このようなことができたのは、私の負けず嫌いな性格によるところが大きいだろう。

夫を失った私が途方に暮れていたとき、母はかつての自分を私に重ねていたのかもしれない。私が仕事に専念し、税理士を目指すことができるよういつもサポートしてくれた。「あなたは仕事で輝いてね、私が家事一切をやるから」と言ってくれ、息子の学校行事にもほとんど母が行ってくれた。

私は、「一家の大黒柱にならなければ」と、どんな仕事も引き受けてがむしゃらに働いたが、家族のために断った仕事もある。開業してしばらく経ち、仕事が軌道に乗り始めた頃、勉強仲間から大阪で仕事をしないかという誘いがあった。それは税理士として大きく羽ばたくチャンスでとても魅力的な話だったが、家族と離れることを考えると踏み切ることはできなかった。開業以来、変わらず宝塚で仕事をしていることは私にとって大きな誇りである。

幼い息子を抱く筆者

自宅兼事務所は宝塚の山手にあり、行きは上り坂だった。顧客からは、「こんなところまで上って来るのは大変だわ」としょっちゅう言われていたので、事務所を移ることを考えるようになった。何がなんでも便利な駅前にしようと探していたところ、宝塚駅から5分のところに物件が見つかり、1989（平成1）年、事務所を借りることにした。当初は2名ほどのスタッフを雇っていて、その給料と家賃を払うだけで精一杯だった。

その後、宝塚駅の再開発で新しいビルができるというので、1994（平成6）年に移転。駅前という立地もあり、購入すると1億円超えの物件だったが、もちろん賃貸にした。その事務所でいまも仕事をしている。

女税連の活動には少しずつ参加するようになった

とにかく働くことに必死だった。全国婦人税理士連盟（婦税連、のちに全国女性税理士連盟）には誘われて入ったが、気楽に自分が出たい行事だけ参加して楽しんでいた。その頃から女税連には情熱や熱意みたいなものをいつも感じていた。特に神戸支部の大城戸武子先生は何かと声をかけてくれた。

経理部長を打診されたとき、時間がないと断ると「経理部長は暇だから」と言っておきながら「経理規程を作って」と事もなげに言われたりした。西日本支部長予定者が土壇場で就任を固辞したときは、大城戸先生が困った挙句、経験に乏しい私に白羽の矢を立てたこともあった。

「あんたしかおらん。あんたが受けんかったら私は鼻ぺしゃになる」と言われ、それでもやらないと押し問答の末、愛嬌のある顔でじっと見つめられるとつい根負けしてしまう。支部長業務など何も分からず、しぶしぶ引き受けた次第で、人事では大城戸先生に貸しがあると思っている。話術に長け、あれよあれよという間に引き込まれ、いろいろな役を引き受けることがよくあった。

女税連の総会ではアトラクションといってそれぞれの支部で出し物を披露するが、大城戸先生のアイデアはいつも斬新だ。浄瑠璃をやるから義太夫の語りをやってほしいと言われ、右も左もわからないまま練習したこともある。また、宝塚歌劇をやるときは大城戸先生がお姫様役、私は男性役だった。アトラクションは、これまで経験をしたことがない新しいジャンルへの挑戦ばかりだ。大変なこともあったが、練習を重ね、できたときの達成感は何ものにも代え難い。女税連でなければ経験できないことも多かった。税理士業務とは関係ないようでも、どこかでつながり、私にとって大きな糧になっている。

女性が活動しづらい時代に心掛けたこと

女税連を離れると男性社会である。研修会に参加すれば「会場が違っているよ」と門前払いにされたり、顧客からは「女性だから顧問料を安くしてくれるでしょ?」と言われたり。税務署の調査員も男性ばかりで真正面に受けて一生懸命に対応したが、悔しい思いもたくさんした。

男性同士の場合、お酒の席で大事なことが決まることがあるが、そのような会にはなかなか出席できない。三次会まで付き合わないと話が合わなかったり、会議などで決まっていたことが変更になることもあった。納得はいかないが、そこで抗っても損をするので静観するようにしていた。

私は母子家庭で育ち、小さい頃は何かにつけて悔しい思いをしてきた。今と違って昔はそれが顕著で、シビアだったと思う。母からの影響が大きいが、私は子どもながらに「何くそ負けるものか！」という思いがいつもあった。女性が活動しづらい時代ではあったが、悔しさをバネにすることで、なんとか乗り切ることができたと思っている。

さらに、身だしなみを整えて礼儀をわきまえた。顧客は経営者で、一緒に仕事をするのは税務署、官庁などそれぞれ地位のある人ばかり。そういう人たちと対等に話をするためには、まず身だしなみが大切と考え、パンツスーツなどきちんと見える服装を着用するようにした。

第45回定期総会で会長に就任

女税連を拠り所に、活動の場が広がった

1988（昭和63）年、女税連西日本支部の支部長になり、その後、近畿税理士会では常務理事として経理部長と広報部長を歴任することになる。

近畿税理士会は全国でも大きな組織で、当時8000名余りの会員がいたが、女性は数人ほどしかいなかった。そんな環境のなか、元々文章を書くのが好きだった私は広報を担当。取材のためにさまざまな場所に出向いた。そうした活動を続けているうち、いろいろな役が回ってくるようになり、常務理事になった。その流れから、日本税理士会連合会（日税連）では広報部副部長を務めることになる。

それはもう忙しかった。日税連の活動のために、東京にはしょっちゅう行かないとならない。また、近畿

国会請願のため議員を訪問

税理士会では広報部長だったため、全ての会議に出席することになる。土日は税理士の仕事をして、平日はさまざまな会の役（公務）をこなした。会合ではいつも女性１人だったが、時が経つうち仕事は少しずつやりやすくなっていったと思う。同じ頃、女税連で会長をやってほしいといわれたが、近畿の広報部長が終わるまで待っていただいた。

女税連の会長として取り組んだこと

女税連の会長に就任したのは２００２（平成14）年8月。会長就任の挨拶として広報誌にも書いたが、私には女税連で取り組みたいテーマがいくつかあった。その一つが女税連での活動が会員の負担にならないようデジタル化すること。現在は、研修会の申し込みなどをホームページからできるようになっており、効率化はさらに進んでいると思う。

また、広報畑でずっとやってきたので、女税連の活動を外部に知らせる対外広報に力を入れたいとも考えていた。その一つのツールとなるのが公式ホームページの充実だ。女税連は女性の視点を生かした提言や要望書など、社会貢献活動に取り組んでいる。成年後見制度もその一つだが、そうした活動を広く伝えたいと思っていた。また、ホームページの充実は、女税連の組織率を上げることにつながるとも考えた。女税連の代表として活動する際、組織率5％の代表と20％の代表では重みが違う。組織率が上がれば、会員誰もが活動しやすくなると思った。

こうした活動を伝えるツールとして公式ホームページはあるのだ。検索エンジンやSNSなどからアクセスしたときに、常に新しい情報が提供されるべきである。しかし、当時のホームページは、内容を変更する場合、役員会に一度上げて協議することになっていた。そんなことをしていたら、情報はどんどん古くなってしまう。そこで、情報化特別委員会に各部長・委員長を入れ、決定権を与えた。これにより情報更新がスピーディーにできるようになった。

成年後見制度については、私が会長のときに西日本支部の支部長がシンポジウムを開き、新聞に取り上げられたことがある。また、同じ時期、この制度の先進国であるイギリスとドイツで現状視察を行なっている。総勢15名の参加者がイギリス銀行協会やローソサイアティー（事務弁護士協会）、ナーシングホーム、ドイツでは後見裁判所、世話事務所、福祉施設などを訪れ、それぞれについてレポートをまとめた。成年後見制度は、女税連としてずっと取り組むべきテーマだと思っている。

また、東と西で分かれている組織をどう束ねていくかという課題もあった。女税連はもともと全国組織として発足しているが、会員の増加と活動の活発化に伴い、１９６９（昭和44）年に東西支部が組織されている。東日本支部は６ブロック、私が所属する西日本支部は7ブロックに分かれている。東日本支部の先生方と膝を交え、次はこういうことをやりたいとか、各支部長さんには自分の意思を事前に伝えたいという思いがあった。

どのような組織でも仲間意識が強くなると、仲良しグループで動きがちだ。〝御友達内閣〟という言葉もあったが、女税連の中にも仲良しグループがあることを初めて知った。女税連に限らず、仲良しグループを打破していかなければ、物事を成功に導くことはできないと思っている。システマティックに捉え、問題点を上げることを私は男性社会で学んできた。いろいろ模索したが、簡単に解決できるものではなかった。

女性税理士として初めて政府税制調査会委員に

女税連会長2年目に入った2003（平成15）年、政府税制調査会委員（以下、税調）に任命された。私にとってはまさに青天の霹靂。最初聞いたときは何かの冗談だと思っていた。私が税調に任命された経緯には、いくつかの事情が絡み合っていたと思う。

私が近畿税理士会の広報部長だった頃、大阪国税局との行事の連絡などで国税局長さんとも親しくなり、その方が財務省に戻り主税局長になられた。私が女税連の会長に就任した年、女税連の行事があった東京のホテルで主税局長さんの講演があった。懐かしさもあり楽屋に女税連会長就任のご挨拶に伺ったが、そのことが税調任命のきっかけになったようだ。

あとで知った話だが、小泉総理は政府の審議会はす

女税連のサポートにより、会長としての任期を終えることができた

べて女性の割合を30％にするよう指示していた。当時の政府税調の委員は各団体の長が多く女性が少なかったため、主税局長さんは人選に苦労されていたようだ。ただ、裏話を聞くと元々税調委員は日税連会長が就任しており女性の私の就任に日税連は大反対。それなら税理士会枠をなくすとまで言われ、しぶしぶ承知したようだ。

今税調のメンバーは学者が多いが、当時は各団体の長が多かった。ただ、女性は有名人が多く評論家の大宅映子氏、次期政府税調会長に決定した翁百合氏、主婦連の会長さん、エッセイストの神津カンナ氏、日経ウーマンに選ばれた秋山咲江氏等々。中でも神津カンナさんとは席が隣になることが多かった。お母様の中村メイコさんが先頃、鬼籍に入られたのは誠に残念。親しくお話させて頂いた時のことを懐かしく思い出している。

税調の仕事を引き受ける前、女税連の幹部に相談したところ、「それは大切なことだからそっちをやりなさい。女税連は私たちがやるから」と言ってくれ、ありがたかった。結局女税連の会長との掛け持ちになったが、心強いサポートがあったため新しいチャレンジに踏み出すことができた。

税調で世の中の見方が大きく変わった

税調の会議は普段は月1～2回の開催だが、税制改正案作成時期の11～12月初めには週2～3回開催されるときもあった。東京に行けば、1日がかりの仕事だった。移動中の新幹線は税調のための勉強時間に充てていたが、それでも時間的に十分とはいえず、新幹線の速さを恨めしく思うこともあった。

税調では議論に入る前、関連の事項について東大など有名大学の専門分野の新進気鋭の先生方にレクチャーしてもらうこともあった。少子高齢化になり、正規雇用がなくなって、地球環境が悪くなると森林火災が起きるというふうに、いろいろなジャンルの話を聞くことができた。もう20年も前の話だが、ちょうど今の時代に起きていることばかりだ。

研究者の話を聞き、いろいろ勉強した上で、さまざまな議論が行われた。財務省は国家財政がどうなっているかを考える。当時はプライマリーバランスをどうしてもゼロにしないといけないということで、いかにそれを達成するかがテーマだった。

私は一税理士として、納税者の税金をどうやって安くしようかということばかり考えてきたが、全く異なる意見があることを知った。税調のメンバーとして議論を重ねていくうち、世の中の見方が変わり、視野が広くなった。例えるならそれは、富士山の三合目から、八合目に行ったくらいの違いがあった。

税調では相続税の課税方式を変えるとか、ふるさと納税は税制としておかしいんじゃないかなど、さまざまな議論が交わされた。ある日急にふるさと納税が決まってしまい、税調での議論は必要ないと言われたりすることもあった。

政府税調は党税調に比べるとアカデミックなものなので、自ずと税制からの見解になる。私は税理士として、顧問先から「国は予算を削減せず、なぜ増税ばかりするのか」という意見をたくさん聞いてきたが、こうした声はできるだけ党税調に伝えるようにした。

ただ、政府税調でいくら熱心に議論しても国民から選ばれた議員ではないため政策的な税制は国民の理解が得られず、限界を感じ、むなしい思いをした。税調会合後の記者会見で、石 弘光会長が「サラリーマンにも頑張ってもらいたい」と発言したときは、マスコミが「サラリーマン増税だ」と言い出し、全国で大騒ぎになった。余談だが、当時、石会長の自宅に頼んでもいないお寿司が10人前も配達され困られたそうだ。

偶然や必然、そしてさまざまな状況が重なって、私は税調のメンバーになった。私の知らないところで話が進み、心が折れそうになったこともあったが、この一件をきっかけに「なるようにしかならないから、割り切って物事を見るようにしよう」とも考えるようになった。私の中で何かが変わったように思う。今もデジタル化などさまざまな課題があり、それを追いかけるだけでも大変だが、そんなことは苦にならない。税調にまつわる全てのことが私の糧になっている。

税理士になった息子とともに

2009（平成21）年、事務所基盤を強くするため、「税理士法人アークマネジメント」に組織変更した。税理士法人設立から数年後には所長を息子に譲り、私は会長になった。

「事務所を大きくすることは考えていないが、よその税理士事務所に負けるようなことはしたくない。常に最先端をいきたい」と、息子は業務をシステマティックにしている。ペーパーレス化が叫ばれるより前に紙の書類はなくし、机の上は常にきれいに片付いた状態だ。顧問先の業績が上がったら顧問料が上がる、また下がったら顧問料も下がるというシステムを作り、1年ごとの更新にしている。

宝塚という地域性もあり、案件は相続税がメインになってくるため、相続税をはじめ確定申告、財産活用についてのセミナーを定期的に開催している。さまざまな媒体で広告も打っているので、相続税で手一杯になるほど。かつての私がそうであったように、息子も税理士会の役になるなど税理士業務とは別のところでも忙しくしている。

ＡＩ技術がどんどん進化し、その方面では若い人達にはとても敵わないが、経営という観点からは老いたと言えど、まだアドバイスできることは多々あると思っている。自分の人生観を通して、若い人達の考え方に多少でも影響を与えることができればと思い、いまも毎日出勤している。

そんなふうにコツコツとやっていたら、宝塚商工会議所の副会頭という役が回ってきた。商工会議所は私の事務所と同じビルにあり何かと頼まれ、2号議員になり、常議員になり、さらに3号議員になり、その都度会費が高くなったが、遂に副会頭の依頼が来たのである。

息子に社会貢献の一つだからと言われ、しぶしぶ受けることになった。余所者で女の細腕でゼロからスタートした私、しかも八十路だが自分がきちんとできる限りは続けたいと思っている。

先輩の教えに導かれ、取り組んだことでいまがある

私が女税連の中で少しでも活躍できたとすれば、それは大城戸先生のおかげである。年はちょうどひと回り離れているが、二人とも寅年だ。一見すると愛くるしいイメージの大城戸先生だが、昔は怖かった。さまざまな進言をいただき、その教えを忘れることなく真摯に取り組んできたことで今があると思っている。

直接お会いしたことはないが、情報サービス会社TKCの創立者、故飯塚 毅氏の著書に深く感銘を受けたこともある。飯塚氏の言葉の中で忘れられないのは、「税理士はいわば落ちこぼれ。企業の中で生きていけないから、1匹狼でやっている。自分が一番偉いと思ってやっていてはダメだ。自分を磨くことが大切」というものだ。

飯塚氏の著書は貪るように読んだ。開業当時は経営学が大流行で松下幸之助氏、一倉定氏をはじめ、多くの経営学書があった。なかでも陽明学の安岡正篤氏には感銘を受けた。そんな折、飯塚氏の講演を聞く機会があり、感動して経費のことも考えず引き込まれるようにＴＫＣに入会した。

事務所の経営理念を考えたのもこの頃だ。

私たちは、感謝と報恩の心を実践します。
私たちは、誠実で熱意ある態度を実践します。
私たちは、信頼と創造の行動を実践します。

この経営理念は創業以来ずっと掲げているものである。この理念に照らし、道を誤らないよう常に自分を振り返るようにしている。

税理士は計算が強いというイメージがあるようだが、私は会社をいかにきちんと経営するかということに注力してきた。企業が倒産するとどうなるのか、身をもって知っているからである。会社は絶対に潰してはいけない、それが経営者の責任だとも考えている。

では、その経営者にそれだけの時間はあるだろうか。営業が忙しかったり雑務に走り回ったりして、肝心の経営のことをじっくり考える余裕はないのではないか。何より、忙しいと視野も狭くなる。私は今ウェルビーイングに関心があるが、視野の広い人ほど幸福感が高いことが立証されている。そう、仕事は楽しくあるべきなのだ。

経営がいい方向にいくよう導くこと、経営者の良き味方になることが私たち税理士の使命だと改めて思う。税理士になる前から持っていたその信念はいまも変わらない。

第5章

仕事も家事も一生懸命、さまざまな経験は宝物

石田通野

石田通野（いしだみちの）

1947（昭和22）年東京都生まれ。1971（昭和46）年税理士登録、1973（昭和48）年石田通野税理士事務所開業。1996（平成8）年全国女性税理士連盟会長就任。2009（平成21）年東京税理士会副会長。2014（平成26）年モア・グリーン税理士の森基金設立・代表。

家業の手伝いから税理士を目指す

子どもの頃の夢はバレエの先生になることだった。では、なぜ、税理士になったのか。うまく説明できないが、偶然やその時々の社会状況などさまざまな要因が重なったからだと思っている。

今事務所として使っているビルの1階で、かつて父が精肉店を営んでいた。ここを本店として支店が2店舗あり、３つの店舗の経理を任されていたのが私の姉だった。ちょうど私が高校を卒業する頃、姉が体を壊してしまい人手が足りなくなった。商業高校で学んでいたので、姉の代わりに私が経理を見ることになった。

とはいえ一般的な経理の知識はあまりなかったので、家の仕事を手伝いながら簿記学校に通うことになった。簿記学校は税理士を目指している男性が多く、学校は気迫に満ちていた。そうした雰囲気に臆することなく通うことができたのは、簿記の勉強が楽しかったから。簿記学校の先生から税理士の試験を受けてみないかと言われ、税理士という職業を意識するようになった。

店の帳簿を見ながら、家族と従業員を含めた10数名分の食事を作ったりした。簿記学校にも通い忙しかったが、気持ちは充実していた。家業の手伝いを始めて2年ほど経った頃、店に税務調査が入った。うちのような現金商売のところは現金と出納帳を照合して見ることになるが、100円程合わなかったことで税務署職員からすごく責められた。そばで見ていて辛かったし、こういうのはおかしいと強く感じたことを覚えている。この体験は税理士を目指すモチベーションになったと思う。

税理士の勉強を本格的に始めると、父から家業はもう手伝わなくていいから事務所に勤めなさいと言われた。それで試験勉強をしながら、税理士事務所に勤めることにした。

高卒だったため、日本商工会議所の簿記検定1級に受からないと税理士試験の受験資格をもらえない。まず簿記検定は1度で受かり、税理士試験には1971(昭和46)年、23歳のとき合格することができた。

２年半程勤めた税理士事務所を退職した後、すぐに独立した。もう少し経験を重ねてからのほうがいいのではないかという思いもあったが、私なりの事情があった。

実は結婚することが決まっていた。子どもができたとき仕事との両立が難しくなるだろうと考え、独立の道を選んだのだ。事務所は父が店を営んでいた建物の１階を使っていいと言ってくれた。顧客は父の会社と勤務していた事務所で担当していた数社があり、独立したばかりの税理士のスタートとしては、私はとても恵まれていたと思う。

税理士登録をして税理士会に入会すると税理士バッジをもらうのだが、名前の「通野」を「ミチヤ」と読んだらしく、男性用のバッジが用意されていた。若かったこと、当時、女性税理士が極めて少なかったこともあり、本人だと言ってもなかなか取り合ってもらえなかった。今なら〝ハラスメント〟という言葉が出てくるだろうが、高度経済成長期にあった時代、誰もが忙しく、小さなことには気を留めない風潮があったような気がする。

税理士登録をしてすぐの確定申告の無料相談会では、隣に女性の税理士さんが座ってくれ、心強かったことを覚えている。

周りの人を巻き込みながら子育て

どのような職業でも、女性は仕事と家庭とのバランスに悩むものではないだろうか。私が子育てで悩んでいたとき父は、「仕事をやめるのは簡単だよ。迷ったら難しいほうの道を選びなさい」とアドバイスしてくれた。「子育ての期間は短いけれど、仕事は細く長くやっていればその先もずっと続くものだ」とも言われ、ある種の覚悟ができたと思っている。

子どもが生まれたときのことを考え、仕事のサポートをしてもらうために人を雇うことにした。アルバイトがアルバイトを雇っているなどと軽口を言われたが、仕事と子育ての両立には絶対に必要だと思った。事務所は商店街にあるので、アルバイト募集の張り紙を出すと、すぐに人が来てくれた。出産後1週間で仕事に復帰したが、アルバイトの人には1日おきに来てもらい、いろいろサポートしてもらった。

私たちの住まいも同じ建物にあり、下の階には姉の家族が住んでいた。子どもを部屋に寝かせていて、いざというときには姉の子どもが面倒を見てくれたりした。また、今でいうところのベビーモニターのような機器を取り付け、泣いたらすぐに事務所から飛んでいけるようにもした。子どもが少し動くようになったら、事務所にベビーサークルを置いて仕事をした。ベビーカーに乗せ、事務所のドアを開けておくと通りがかりの人があやしてくれた。周りの人のサポートには恵まれていたが、税務調査などで外出すると授乳ができなくて悲しくなったこともある。その時々で問題に対処していたが、試行錯誤の繰り返しだった。

当時、近所の保育園は２歳まで入れなかった。子どもが活発に動くようになると、近所の代々木公園で行っている「おひさまの会」に参加するようになった。小児科の先生が子どもの健康と自主性を育むことなどを目的に開いた自主保育の会で、10名ほどの母親が共同でベビーシッターを雇い、預かってもらうというものだった。

たまたま近所の人が参加していて、「石田さんも参加したら」と誘ってくれた。お弁当を持っていけば13時くらいまで預かってくれる。週２回、２年ほど通っただろうか。雨の日は、ＮＨＫ放送センターに見学に行ったり青山の児童館で遊んだり。子どもが伸び伸びと過ごしていることも嬉しく、安心して預けることができた。近所の税理士仲間が子どものお迎えに協力してくれたりして、ご近所付き合いも密な時代だった。

自主保育の会では仕事に関連したご縁もあった。たまたま会で知り合った人の妹さんが税理士で、渋谷支部で一緒だった。私が病気で寝込んだときなどは、仕事をサポートしてくれた。男性の税理士からは「そんなことしたら、仕事をとられちゃうよ」と言われたが、もちろん、そんなことはなく、さまざまな面で助けてもらった。見返りを求めず面倒を見るというのは女性ならではの感覚かもしれない。

婦税連をつくった加藤愛子先生のこと

私が全国婦人税理士連盟（婦税連、のちに全国女性税理士連盟）の存在を知ったのは、友人から制度部の研究会に行こうと誘われたのがきっかけだった。そこでは、商法改正や、まだ導入される前の付加価値税など、さまざまな問題が報告されていた。熱っぽく語る先輩方はカッコよく、尊敬の念を抱いたものだ。一方で、「結婚して子どもがいても参加している人はたくさんいるし、活動のときに子どもを連れてきても大丈夫よ」と言ってくれたことが頭に残っていた。

その言葉通り、私はよく娘を勉強会に連れて行った。娘は「税理士」よりも、「婦税」という言葉を先に覚えたほど。今もそうだが、総会に子どもや家族を連れてくる人が多いのは、大きな魅力ではないだろうか。

私が婦税連に入会したのは１９７２（昭和47）年。翌年の３月には、付加価値税と福祉の視察団として、全国青年税理士連盟とともにヨーロッパ研修にも参加した。貯金をはたき、親にも一部を出してもらって、独身最後の旅行のつもりで費用を捻出した。そのときご一緒した中に、婦税連の創始者である加藤愛子先生がいらした。婦税連が早い段階でヨーロッパ視察に行けたのは、加藤先生のおかげである。

海外に行くのが初めての人も多かったため、加藤先生の提案で出発前にマナーの勉強をした。その甲斐あって現地では臆さず、堂々とした振る舞いができた。イギリスでは東京から出向している国税庁の人がいて、通訳になってくれたことも心強かった。その翌年には東京税理士会もドイツ・ケルン市との交流が始まった。加藤先生がパイプ役となって実現したことはとても多かった。

帰国後、報告書を作成するために婦税連のみんなで研究会と称し、合宿して原稿の読み合わせをしたことは懐かしい思い出だ。なかには厳しい意見も出てくるのだが、いろいろな方向から考え、新たな道を模索することの大切さを教えてもらった。

加藤先生に憧れて、税理士を目指した人も多いと思う。それくらい影響力があり、女性税理士の憧れの的だった。10年もの長きにわたり婦税連の会長を務め、ほかにも多くの活動をされていた。慈善事業の団体・パイロットクラブでは、1970年に会長も務めている。パイロットクラブの歴代会長には、翻訳家の村岡花子氏、作家の平林たい子氏、津田塾大学学長の藤田タキ氏など錚々たるメンバーが名を連ね、さまざまな業界の女性リーダーばかりだった。

40周年記念総会を会長として経験

商法改正運動の国会デモや議員会館への陳情など、入会当初から税理士の一業務とは異なる経験をさせてもらった。少しでも携わることが税理士としての成長につながるのだということを肌で感じていたので、手伝って欲しいと言われれば大概のことは引き受けるようにしていた。

私が、東日本支部長や全国の会長という大役を務めることができたのは、先輩や友人の後押しがあったからだ。できることは精一杯、難しいことは経験者や周囲に相談し、その助言を聞きながら対処してきた。一緒に考えてくれる仲間とも出会うことができた。

婦税連の会長には１９９６（平成８）年に就任した。翌年が40周年の記念総会という大事な節目だったこともあり、私に務まるだろうかと不安を覚えたものである。しかし、会の運営はすべての会員とともに行い、大勢の役員とともに考え、相談役のお知恵を借りながら進めるものという確信があった。

結局、記念総会の開催と記念誌『凜として』の発行、税理士マーク入りのピンブローチの作成、『どうなってるの？　私の税金と年金』の出版という盛りだくさんな記念行事となった。記念式典を無事に終えたとき、感謝の気持ちで一杯になった。何より、計画した事業を成功に導くノウハウは婦税連が長年培ってきたものである。この経験は東京税理士会副会長や東京税理士協同組合理事長を任されたときの大きな支えとなった。

その頃の婦税連は、会員が1200名に達するほど大きくなっていた。それだけに、40年の歴史と多様になってきた会員のニーズをどのようにすり合わせるかが課題だと感じていた。40年誌の「発刊の言葉」にも書いたが、会員は「困った時の婦税連」という言葉で結ばれており、さまざまな不安や悩みを持って日々の業務を行なっていても、誰かに相談すればあちこちから解決の糸口となる暖かい手が差し伸べられる。さらに、全国組織という強みもあり、各地の特異性や役立つ情報も得ることができる。これは令和となった今も変わらないのではないか。

なお、1999（平成11）年に全国女性税理士連盟（以下女税連）という名称に変わっている。

第50回全国総会直近10年間の会長表彰

女税連で鍛えられ、新たな活躍の場へ

税理士業界は圧倒的な男性社会で、特に地方では会長・副会長という役職は地元の名士が務めることが多かったと聞いている。

私が東京税理士会や日本税理士会連合会（日税連）の役員をしたときに会議などに行くと、「いつも女性1人だけど、どんな感じですか？」と聞かれるが、仕事をする上で女性であることを意識したことはさほどない。外出する朝に1日分の食事の支度に追われるくらいで、それも子どもが小さい頃の話だ。今となっては懐かしい思い出である。

30代のときは女性の社会進出がいわれ、結婚して子どもがいる税理士を取り上げたいと雑誌に取材された

東日本ブロック会正副会長連絡会議

ことがある。また、テレビコマーシャルにも出た。働いている女性も手軽に使えるというコンセプトで、化粧品ブランド・ニベアのコマーシャルに子どもと一緒に出演したのだ。仕事とは関係ないところで、何かの力に引き上げられていたと思う。業務には直接関係はなかったが、税理士という仕事の理解につながればという思いはあったので求められることを一生懸命やるだけだった。

女税連の先輩たちを見ると、みんな個性的でパワフルだ。それに引き換え私は微力だと思っている。それでもこの仕事を続けることができたのは、できないものはできないとはっきり伝え、サポートをしてくれる人がいるときはしっかり頼ってきたからだ。そういった意味でも女税連は私にとって頼りになる存在だった。

女税連は活動のすべてを会員で手作りしてきた組織である。会員同士が知恵を出し合い、助け合いながら発展してきた。

事務局を整備したのは京都の土居澄江先生が会長の時だったが、引っ越しのときには土居先生が率先して重たい荷物を運んでいたのを覚えている。女税連で発行する書籍もテープ起こしから始まり、執筆、編集、校正まですべて自分達でこなす。みんなで協力すれば、できるということを私は女税連で学んだ。

だからいつも後輩の人たちには、何かの役を打診されたらやったほうがいいと伝えている。1人でやるわけではなく、みんなが手伝ってくれる。事務局もあり、サポート体制が整っている中で活動できると思っている。また、さまざまな会に参加していると楽しい経験もできる。東京税理士会の広報に携わっているときはシンポジウムが流行っていた頃で、赤川次郎氏や櫻井よしこ氏、猪瀬直樹氏など、普段ならなかなか会うことができない方々と話をする機会もあった。

日税連理事会や常務理事会では、租税教育や成年後見制度、女性の旧姓使用など、女税連で勉強してきたことが取り上げられることも多々あり、そのようなときは女税連の代表として手を挙げなければと思った。旧姓使用が通ったときは、「ありがとうございました。女性税理士で喜んでいる人は大勢います」と礼を言った。

会で発言をしたり司会を担当するのは男性がほとんどだったが、今では女性の活躍も目立っている。素晴らしい司会だなと感心していると、女税連の会員であることが増えていった。

それもそのはず、私たちは総会などでかなりの場数を踏んでおり、進行の仕方から司会のマニュアルまで頭に入っている。女税連で鍛えられているお陰だ。

これから税理士を目指す人へ

１９９９（平成11）年に公布・施行された男女共同参画社会基本法についても、女税連ではいち早く取り組んできた。重要な会議などの決定の場に女性が参加するためにはクォータ制が必要だが、それ以前に女性自身に参加意識があるかどうかが課題ではないかと言われていた。

１９８３（昭和58）年に雇用職業総合研究所が発行した『専門職（税理士）における婦人の就業と生活に関する調査研究報告書』という資料がある。

この報告書は全国の女性税理士にアンケートをとりその結果をまとめたものである。アンケート項目は研究所担当者と女税連会員で何度も検討して作成された。アンケートの回収率は53・９％と高く、女税連の組織力があってこそ作成することができたといっても過言ではない。

当時、女性の専門職といえば看護師や美容師というイメージがあり、税理士や弁護士などは少なかった。そして士業で女性だけの団体があったのは、女税連だけ（弁護士は弁護士会の部門の一つだった）。しかも、当時、女性税理士の数は１２００名を超えており、女性の進出が目覚ましい専門職と言われていた。

調査の目的は、男性が多い資格職業においてどのように能力を発揮するのか、出産・育児など家庭生活の問題点を浮き彫りにするというものだった。この資料が発行されたのは、私が税理士になって10年目のとき。子育ての真っ最中で、興味深く読んだものである。

調査の結果を要約すると資格取得の平均年齢は33・３歳で、３・６年後に独立。独立開業が７割近くを占めた。税理士経験は８～９年で、都市部に事務所を持ち、年間所得は３９１万８千円。仕事に生きがいを持ち、忙しいときは徹夜をすることもあるというのが、女性税理士の平均像だった。この職業を選んだ理由として、「自由業なので仕事と家庭が両立できるから」（35・１％）、「実力主義の専門職で能力が発揮できるから」（32・５％）が上位にあり、ともに3割を超えているのは興味深い。

また、仕事を進める上で男女差を感じるかについては、「男女差はない」(10・2%)、「おおむね男女差を感じない」(56・3%)で、3分の2の人が男女差を感じていないという結果だった。一方で、税理士として働くことについて、「きめ細かな相談・指導ができる」「まじめで几帳面である」というプラス面を挙げる人が5割と多いものの、「男性社会なので酒を通してのつきあいができない」が24・5%、「関係官庁、団体などで軽く見られることがある」「〝やはり女性は〟という感じで扱われる」などマイナス面を挙げる人が2割ほどいた。平日の家事時間は3・1時間で、未婚者は1・8時間、既婚者は4・1時間だが、未就学児を持つ既婚者は6・1時間と長い。家事時間は日曜に長くなる傾向があった。

この調査結果から何がわかるか。今、女性が働く環境は40年前と変わっただろうか。「あまり変わっていない」というのが私の実感だ。確かに保育所数は増え、男性も育児休暇をとり、子育てを女性だけに押し付けてはいけないというようになったが、男性にできないこともある。そして長寿高齢化社会で親の介護問題もある。それらを解決するのは互いに助け合い、思いやることではないか。

私は、仕事では飲み会など夜のお付き合いは一切なかった。元々お酒は飲めないということもあったが、男性と同じようなお付き合いができるはずもなく、そこは顧問先も理解してくれた。

その代わり、女性同士は話しやすいということで、顧問先の奥さんと仲良くなることは多かった。いろいろな情報を聞くことができ、仕事をする上で役に立った。税理士になって今年で53年になるが、当時からお付き合いさせていただいている顧問先もある。税理士は、子どもや孫の代までを考えてアドバイスをするが、代替わりしても長くお付き合いするケースは多い。

仕事を通して生まれた縁は別の形でも続く

女税連では、互いに勉強し助け合うことを大切にしている。男性では気づけない視点を持つことができるのは女性ならではの感性だとも思っている。

諦めない心とでもいうのだろうか。女税連の先輩たちは常に気概があったように思う。そのことで思い浮かぶのは、ゴビ沙漠にポプラを植樹する運動「モア・グリーン・ゴビ税理士の森基金」だ。

この運動そのものは、女税連の相談役だった永井陽子先生が東京税理士会の広報部長をしていた1994（平成6）年に提案し、実現している。当時はテレホンカードを集めてポプラの苗木を買い、中国のゴビ沙漠に植樹するというもので、大きな反対もあったが粘り強い説得で賛成者を増やし実行できた。基金を設立したのはその6年後。ポプラは成長しているが、いつまでも会の予算で活動するのは税理士会の会則になじまないため、「NPO法人税理士の森基金」を設立して継続されている。

9年前に亡くなった夫は社会貢献活動を熱心にやってきた人だった。夫に触発されたわけ

ゴビ沙漠ポプラの木の前で

ではないが、私も公益法人の監査や行政の委員などを担当している。税理士としての仕事は少しずつ後継者に移行しているところだが、仕事を通して生まれたご縁は今も繋がっていると思う。

女税連総会の懇親会で披露したハンドベルは、いまでは「ティンカーベル」という名の同好会になった。有志で集まり、楽しく活動することに幸せを感じている。かけがえのない仲間と一緒に過ごす時間は宝物である。

第6章　税理士として成長させてくれた女税連

伊藤佳江

伊藤佳江（いとうよしえ）

1953（昭和28）年東京都生まれ。1977（昭和52）年明治大学商学部卒業、税理士試験に合格。父の事務所で実務経験後、1979（昭和54）年税理士登録。2011（平成23）年東京税理士会副会長、2016（平成28）年全国女性税理士連盟会長就任。

祖父が近江商人、父が税理士で、自然と同じ道に

私が税理士になったきっかけを考えるとき、父や母、そして祖父が若かった時代にまで遡ることになる。

父方の祖父はもともと近江商人で、日本橋の繊維問屋で番頭をしていた。その店の主人が薩摩治郎八という歴史にも出てくる人で、会社を売ったお金で、パリで好きなように生活したことで知られている。日本に残した財産管理をやっていたのが番頭だった祖父で、主に不動産や株の管理をしていたという。

そのような家庭で育った父は、安田商業高校から明治大学商学部に入り、その後、税理士になった。父が大学を卒業したのは終戦の年。これから日本が復興していくためには税金が大切だと考え、目指したという。税金に関するプロフェッショナルになれば、人々の手助けができると考えたようだ。

一方、母の実家は神奈川県厚木市の旧家で、裕福だったが、戦後の農地開放でさまざまなものを失い、財産税も多く取られたそうだ。そのときにお世話になった税理士にとても感謝しており、母の兄の友人だった父が税理士になったということで結婚話が進んだと聞いている。

父の姿を見て育った私は、自然と税理士を職業に選んでいた。

父と同じ明治大学商学部に進んだが、高校は普通科だったため簿記が全くわからない。父の勧めで、大学入学と同時に村田簿記学校本科に通うようになった。文書実務や秘書実務など、税理士になる前に会計人とは何かを学ぶことができたと思っている。

大学3年から卒業までの2年間は、村田簿記に加え、代々木簿記学校、できたばかりの大原簿記学校に通い、さらに通信教育でも学んだ。

とても忙しかったが、それができたのは若かったからだと思う。朝、家を出て、午前中が大学の講義。授業の合間にプールに行くことはあったが、大学の近くにあった女性専用の私立図書館で過ごすことも多く、はっきり言ってガリ勉だったと思う。図書館では勉強したり、女性関連の本を読み漁ったり。そして、夜は簿記学校に行くという学生生活だったが、勉強が好きだったので、苦になることは一度もなかった。特に簿記は、システマティックにできていてパズルのように面白く、すぐに身についた。

大学のゼミで監査論を学んでいたので公認会計士の道も考えたが、ゼミの先生からは、「監査の仕事は出張が多くて激務。君は女の子で一人っ子だし、親御さんが税理士をやっているんだから、会計士はあまりやらないほうがいい。顧客に恨まれることもある職業だよ」と言われた。そういえば父は顧問先の決算が終わると接待を受け、機嫌よく寿司などを持ち帰ることがあった。ゼミの先生の話を聞いたとき、税理士はいい仕事なのかなと改めて思った。

私が学生の頃はオイルショックの影響もあり就職はあまりなかったが、大手銀行の就職は決まっていた。結局、税理士試験に集中することに決め、税理士試験の2科目を残したところで大学を卒業。税理士試験の受験を決めたとき、税務署での仕事も考えたことがあった。国税専門官の願書を出しに行ったら、女性には受験資格がないと言われ、諦めた。

もう一つ、全く異なる業種だったが、物を書くのが好きだったので出版社の「暮らしの手帖社」も受験。ツテを頼ったが、4大卒の女子に採用枠はなかった。当時、女性だからとか、4大卒だからという理由で、諦めなければいけないことが多かったと思う。理不尽ではあるが抗う術もわからなかった。

大学卒業と同時に合格、実務経験は父の事務所へ

大学を卒業した1977（昭和52）年、税理士試験に合格。税理士試験のための勉強は一旦区切りがついたが、本当はもっと勉強したかった。理論的にその頃の税法はすごくよくできていて、学んでいて楽しかった。

試験に合格しても実務経験がないと、税理士として登録することはできない。最初は自分で探して税理士事務所に入ろうとしたが、5科目合格者、実務経験なし、そして税理士の娘を雇ってくれるところはなかった。

結局、浅草橋にある父の事務所に入り、雑務をこなしながら、実務経験の機会を待った。

事務所は、税理士の父に対しスタッフが10名ほど。総務を担当する女性以外は全員男性だった。私は早めに出勤し、掃除をしたりお湯を沸かしたりして、他のスタッフが出勤するのを待った。

事務所を2年ちょっとで辞めたのは、父から税理士として認めてもらえず、自分が思うような仕事ができなかったからだ。父の事務所のコンピュータ化を実現し、２件ほど担当を持たせてもらい2年以上の実務経験はできたので、独立することにした。事務所を借りるほどのお金はなかったので、実家の応接間で開業させてもらった。

独立してすぐは父の事務所の下請けのような仕事をしていたが、同窓会や町内会の女性部、商店会の婦人部など、呼ばれればどこにでも行った。名刺を配り、一生懸命営業した。そのうち紹介などで顧客が増え、手応えを感じるようになった。

大きな影響を受けた市吉先生のこと

話は少し遡るが、税理士試験に受かった翌年、全国婦人税理士連盟（婦税連、のちに全国女性税理士連盟）の新年会に招待された。会員のための新年会ではあるが、新合格者祝賀会も兼ねていた。当然のことながら、会員は女性のみ。これまで大学や簿記学校で過ごしてきた環境とは違い、新鮮だった。そのとき初めてお会いした市吉澄枝先生は、税理士としてスタートした私にとってかけがえのない存在でとても魅力的な人だった。

市吉先生が晩年にまとめた自分史『まなび愛ひたむきに　私の歩んだこの道』（生活思想社刊）には、戦前に生まれ、戦中・戦後を過ごした波瀾万丈の人生が書かれている。会計士だったご主人の勧めもあって、下のお子さんが保育園に通い出した35歳で村田簿記学校の夜学に通い、税理士試験の勉強をスタートしたという。途中、ご自身の手術などを乗り越え、42歳で合格。税理士登録もして、仕事をスタートさせた翌々年にご主人が急逝してしまう。

高校生と中学生だったお子さんたちを育てるため、市吉先生はご主人の顧問先を引き継ぎ、一念発起。1日も早く一人前の税理士にならなければと、中野支部の研究会や婦税連に入会し、勉強に勤しんだという。物腰が柔らかく、優しい雰囲気の市吉先生からは想像もつかないが、どのようなときも前向きに、学びと行動を続ける信念の人だった。

市吉先生の婦税連での活躍も目覚ましいものがある。役員として広報部長、制度部長、一般消費税対策委員長などを務め、付加価値税（現在の消費税）の勉強をスタートし、１９７３（昭和48）年にはその発祥の地ヨーロッパへの視察旅行にも行っている。その年の８月には『物価、及び高福祉高負担と付加価値税』を小冊子として発刊している。

１９７８（昭和53）年、千葉大学教授・伊東光晴氏から誘われ、「主婦は税金を知らなすぎる」をテーマにした座談会に出席。その内容が『婦人公論』に掲載された。１９８３（昭和58）年、市吉先生が60歳の時、税経新人会・東京会で女性として初めての会長に就任している。活動の場をどんどん広げ、税理士としての仕事を充実させていった。

65歳になった市吉先生から、体力的にきつくなってきたからリタイアを考えていると聞いた私は、事務所を一緒にしてパートナー関係にしませんかと提案した。市吉先生は快く受けてくれ、2人の名前を掲げたパートナー事務所を発足させた。

私はずっと市吉先生と一緒に仕事をしたかったので嬉しかったが、先生にとっても毎日事務所に来なくていいというメリットがあったようだ。その一方で、市吉先生は無理のないようこれまでの顧問先10件ほどを残し、それ以外は女税連の会員など、それぞれの顧客にあった税理士たちに引き継いだ。

ところが80歳を超えた頃、市吉先生に新しい顧問先がいくつかできた。

若い税理士に敬遠され困っているという高齢の顧問先を引き受けたのだ。自分も高齢だからよくわかると、顧客に寄り添い丁寧な仕事をされていたが、体力的にはきつかったのではないかと思う。

晩年の市吉先生の仕事ぶりをそばで見ることができたのは、私にとって大きな糧になっている。今、70歳になった私が、成年後見制度をライフワークに活動しているのは市吉先生のおかげでもある。

税理士として成長させてくれた女税連

私の税理士としての活動は、女税連と共にあると言っても過言ではない。

市吉先生に誘われ参加した勉強会では、納税者の視点や税法学の視点から見た研究をし関連機関に意見書を出していることを知り、感銘を受けたものである。「もっと勉強しないといけない」という気持ちが湧いてきて、モチベーションにつながった。女税連で教えてもらったことは実務に役立ち、税理士として成長させてくれたと思っている。

その頃の制度部は、毎月会合を開き、チューターもその都度変わった。そのうちに私にも出番が回ってくるようになる。「このテーマで発表してね」と言われたら、レポートを書き、会員の前で発表しなければならない。大学でのゼミでも同じような場面はあったが、参加者は全員税理士。突っ込まれたりダメ出しをされたりすることも多かったが、それが勉強にな

日税連の広報でNHKの番組に出演

る。市吉先生には他の勉強会にもよく誘ってもらった。

大学を卒業して間も無く税理士になっているのでキャリアは長いが、私が女税連の会長になったのは2016（平成28）年、63歳のときだった。会長として最初に手掛けたのは、北海道から九州まである全国のブロックを回り、会員と直接会って挨拶をすることだった。

これまで多くの先輩方が模索してきたことだが、会長として私が一番やりたかったのは、事務局を充実させること。女税連の公式ホームページを一新し、会員が使いやすいように、そして一般の方にも広く情報を発信できるように造り変えた。

No.298
www.jozeiren.com
全国女性税理士連盟
September 9
2016.9.10
特集 第59回定期総会
会長・副会長挨拶
初参加者からのメッセージ
アトラクションに参加して
分科会報告
講演会/男女共同参画推進室報告
エクスカーションに参加して
部長・委員長挨拶/一筆啓上 滝澤多佳子
幹事会報告/東西支部だより

第59回定期総会で会長に就任

２０１７（平成29）年には、60周年記念の総会・記念式典を東京の京王プラザホテルで開催した。女税連相談役の大城戸武子先生からの「60周年は任せるからね」という言葉を励みに、60年史『明日への飛翔（はばたき）』と、記念出版として『成年後見ハンドブック』も発刊した。

毎年行われる定期総会では、アトラクションと言って会員がステージで出し物を披露している。以前、私が企画した力士の着ぐるみで登場する「土俵入り」は、酒屋さんのエプロンを使って化粧回しを手作りしたりして大ウケだった。宝塚歌劇のような華やかなステージや男性顔負けのへそ踊りなど、普段は真面目に仕事をしている人たちが一生懸命練習して披露する、年に1回のお楽しみだ。こうしたつながりを保つことができるのは、女税連ならではと思っている。一緒に活動してきた仲間だからこそ培うことができるつながりには尊いものがある。

海外視察での学びから新たなステップへ

海外視察にも何度か参加した。最初の視察は、税理士になって間もない頃。東京税理士会の制度部員だった市吉先生の代わりに参加したヨーロッパ視察である。市吉先生からは「あなた、行きなさい」のひと言。海外に行けば勉強になることはわかっていたので、声をかけてくれたのだと思っている。渡航費用はなかったが親から借りて、ＪＣＢカードだけを持って参加した。

１９８５（昭和60）年代のヨーロッパは、付加価値税（消費税）をスタートしてから10年ほど経っており、生活の中に浸透していた。しかもインボイスだけを集めて計算する帳簿まであり、ドイツにはダーティフと言ってコンピュータで集計するソフトを税理士会が使っていた。ドイツの税理士は訴訟代理権があるということもその時に知り、日本との違いに驚くことばかりだった。税理士という職業がない国も多く、会計士がほとんどやっているといったことも知ることができた。

結局、携帯したＪＣＢカードは海外では使えなくて、先生方の後をついて回り、奢ってもらったりした。でも買い物では重宝されたと思う。一番若かった私は、娘や息子の嫁にお土産を買いたいという先生方の買い物のお手伝いをしたりした。

このときのヨーロッパ視察はレポートにまとめている。そのことがきっかけになったのかはわからないが、東京税理士会の制度部員の役が私に回ってきた。最年少で入り、いつも女性ひとりだったが、楽しく活動することができたと思っている。こうした活動を自由にできたのは、父の事務所から独立していたからだ。とにかく私は勉強することが楽しくて仕方がなかった。

結局、東京税理士会の制度部には20年ほど在籍したが、そうした積み重ねがあったからか、52歳のときに常務理事の役が回ってきた。所属する荻窪支部の総会を開く際は東京税理士会の会長を来賓でお呼びしているが、たまたま私が議長をやっていたのを見て打診されたようだった。女性が前に出て仕事をするのは難しい時代ではあったが、市吉先生からは「何か頼まれたら断らないほうがいい」といつも言われていた。

東京税理士会の副会長は当時５人、その中で女性は一人。かつては、消費税や相続税を研究されてきた粕谷晴江先生、東京都税制調査会の委員も務めた石田通野先生といった女税連の先輩方が歴任していた。副会長になるには選挙もあり、女税連が主体となって選挙運動を後押ししてくれ、本当にありがたかった。

ヨーロッパで福祉や成年後見制度を視察

女税連としてもヨーロッパ視察に行っている。松浦圭子先生が女税連の会長だった時、付加価値税は福祉のために作るものだという話から福祉について調べてみたいと、1990（平成2）年の秋、ドイツ、デンマーク、スウェーデン、フランスの老人福祉施設や税制を学ぶ視察旅行が行われた。

そのときにまとめたレポート『ヨーロッパ税制・福祉視察報告』の冒頭で松浦先生は、「訪れた国々ではすでに40年も前に現在の日本（1990年当時）と同じ水準の高齢化社会にあり、厳しい財政の制約のもとで福祉の充実を進め、在宅ケアへの転換を試み、高齢者が社会的疎外感なく自立できるように手を差し伸べるシステムは私たちに多くの示唆を与えてくれた」と書いている。その言葉通り、私たちはさらに福祉について勉強を進めていった。

医療と介護が一体になったナーシングホームを視察したときに、「日本の福祉は30年遅れていますね」と言われたことはある意味ショックではあった。それと同時に、福祉には税金が必要だということを肌で感じた。その頃の日本の福祉は措置ということで、国がやってくれるものを受け取るだけという仕組みだった。日本も高齢者が増えているのは人口動態でもわかっているので、ヨーロッパでやっている介護保険制度を早く始めないといけないと感じた。

この視察から10年が経った2000年（平成12）4月、成年後見制度が施行された。自分の判断で要請する介護保険と、成年後見制度をセットで取り入れることを国は考えていた。女税連は弁護士や司法書士などには遅れをとったものの、税理士の中ではいち早くこの問題に取り組んできた。

2001（平成13）年～2002（平成14）年までに、社団法人成年後見センター・リーガルサポートの協力を得て、東京・大阪地域の会員約200名が成年後見養成講座を受講し、履修証が授与されている。また、成年後見制度の立案から関わっていた筑波大学大学院教授（当時）の新井誠先生を女税連の月例会にお招きし、講演していただいたこと

団長を努めた成年後見ヨーロッパ視察

もあった。
新井先生の話は目から鱗だった。大変感銘を受け、成年後見制度を女税連としてもっと勉強しようということになり、2002(平成14)年、イギリスとドイツで現状視察をすることになった。企画を立ち上げた私は、視察団の団長となり、実績を重ねているヨーロッパ取材で実情を知ろうとした。

イギリスでは、ローソサイアティー(事務弁護士協会)とイギリス銀行家協会、ナーシングホームを訪れた。イギリスは地域によって異なり、イングランドとウェールズでは、持続的代理権法を1985年に制定している。視察に行った2002年当時の制度は、財産管理のみで身上監護は含まれなかった。また、裁判所は登録を受けるのみで管理監督を行わないとのこと。身上監護を必要とする人たち、身体的な問題を抱える人(高齢者や身体障害者)にも対応できる制度

ドイツの後見裁判所長と筆者

が課題となっていた。

ドイツでは、成年者に関する後見、および保護について抜本的な改正が1992年にあり、世話法が成立。画期的な制度だったが、司法財政の危機などがきっかけとなり1999年に改正されている。

世話制度を支える仕組みもしっかりしており、後見裁判所や世話官庁（世話事務所）、世話協会などがある。私たちはミュンヘンの世話事務所と世話協会、後見裁判所、福祉施設を訪れた。実際の後見の現場を見ることができなかったのは残念だったが、ドイツの世話協会や世話事務所の存在、イギリスのソシリター（事務弁護士）の活動に勇気づけられた。

この時の視察のレポートは、「イギリス・ドイツ成年後見制度視察報告書」にまとめている。日本の制度は仕組みとしては良くできているが、介護保険などとの連携が不十分で、家族や関係者の意識が低いことがわかった。

こうした活動の伏線は以前からあったと思う。粕谷先生と市吉先生が昔作った婦人労働研究会では、高齢化社会についていつも議論していた。粕谷先生、市吉先生、私、そして離婚問題に強い弁護士・増本敏子先生との共著で『女性のための老後の幸せ・安心ガイド』（生活思想社刊）を出版したことがある。私はその頃独身だったが、高齢化社会、老後問題をどうしたらいいのか、ずっと考えていた。

70歳になった今も成年後見制度はライフワーク

そもそも私が、高齢者の保護に関する法律に関心を持ったのは、友人から受けた1本の電話だった。

海外に住む知り合いの娘さんから「日本に残してきた若年性アルツハイマーで認知症傾向にある母親と、最近定年した父親の様子を見てきてほしい」と言われ、友人が訪問したところ、お金に困るはずのない老夫婦に借金の取り立ての手紙が来ていたという。娘さんの了承を得て調査すると、父親の退職金を狙った、詐欺的な商品相場に引き込まれたらしい。タチの悪い取り立てにも遭っていた。

老夫婦に危害が及ぶ恐れがあるため友人宅に避難してもらい、私は弁護士の友人とどうしたら救うことができるかを考えた。まず損を最小限に抑えることを念頭に、自宅を処分して借金を返済し、安心して暮らせるところを確保することにした。

詐欺的な商品相場、債務の整理、安住の地の確保と、それぞれに強い弁護士が担当し、税金問題は私が担当した。チームワークが功を奏して、競売寸前だった家屋敷を任意売却で売ることに成功。二人とも認知症の症状が進んでいたので、介護付き老人ホームに入居できたときにはホッとしたものだ。

しかし、判断能力が乏しい高齢者に魔の手が及ぶことは、２０２３年の今でも起こっている。成年後見制度と高齢社会をもっと身近なこととして理解してもらうにはどうしたらいいか。そして、税理士としてどう関わるべきか。その答えはまだ見つかっていない。

それでも、私がさまざまな場面で発信してきた成年後見制度のことを理解し、実践してくれた人がいる。

女税連に所属しながら、早くから有料老人ホームに入居していた先生がおり、そこから事務所に通っていた。いよいよ仕事を続けるのは難しいと自分で判断し、税理士登録を抹消、保佐人をつけたのだ。そのことがわかったのは、保佐人から女税連の事務局に問い合わせがあったから。「税理士を辞めたら、女税連を退会しないといけないのか」というものだったが、当人は女税連の広報誌を楽しみに見ているという話だった。

女税連は税理士を辞めた後も続けることができることを話したところ、亡くなるまで会員を続けてくれた。最後は誰にも迷惑をかけず、ご自分の人生をしまうことができたと聞いている。最後のしまい方を自分自身で選択できるのが任意後見制度だ。本人が自分の思いを遂げることができる点でもいい制度だと思っている。

成年後見制度がきっかけで人生の転機が訪れた

「人生100年時代、あなたならどう生きるか」というテーマで女税連として研究してきたが、そのつながりとして成年後見制度がある。

実は、成年後見制度がきっかけで、私の人生に転機が訪れた。

私は一人っ子で、いろいろなご縁もあったが、ことごとく父に反対され、実ることはなかった。父が健在の頃は自分の結婚を考えることはできなかった。仕事が忙しく充実していたこともあり、あまり気にも留めていなかったというのが正直なところだ。

日本成年後見法学会という組織があり、今は常任理事をしているが、その世界会議が２０１０（平成22）年に行われた。海外から学者や専門職を呼ぶことになり、韓国は日韓友好税理士連盟に協力を仰いだ。その会の事務局長を務めていたのが、今の夫である。出会った頃の夫は20年前に妻を亡くし、３人の娘を育てていた。

付き合い始めたのは私が56歳の頃、58歳で結婚した。最初は別居婚を考えて事実婚で良いと思っていた。夫の病気が見つかったことで入籍が必要になった。姓を変えることに抵抗があり悩んだが、税理士は旧姓使用ができるので夫の姓になった。これが大きな間違いで、頭ではわかっていた選択的夫婦別姓が本当に必要だと痛感した。成年後見、遺言執行人、法人の役員あらゆるところで戸籍名と税理士名との違いが問題となってくる。

娘たちも賛成してくれ、同居が始まったが、無理をせず良好な関係を築けたと思う。この10年ほどは、好きな料理をしたりして仕事以外の時間も充実している。

私との再婚に賛成してくれた娘たちも今ではそれぞれが家庭を持ち、孫までできた。今２世帯住宅で暮らしているが、賑やかで楽しい。人生後半に仕事以外で楽しく、彩りある豊かな時間が待っていた。

税理士を目指す人に伝えたいこと

一般に税理士には机に向かっているイメージがあるようだが、実は外に出ていることのほうが多い。顧客のところに行くのはもちろん、勉強会に参加して世界を広げていくことも大切な業務である。いろいろな会に入れば、そのぶん新しい情報が入ってくる。自分の知識や経験を広げることで、顧客に還元することができるという好循環が生まれるのだ。

経理を通じてその会社のことがよくわかる点も税理士ならではの面白さだと思っている。いろいろな会社、いろいろな業界を見ることができるのも魅力の一つではないだろうか。大きな会社になると経理部や社長さんとしか話をしないが、小さな会社は社員全員と知り合いになることもある。何気ない会話の中から気づきを得ることもある。

海外に目を向けてみると、税理士という職業があるのは、ベトナム、韓国、ドイツ、日本だけ。当時台湾や中国には帳簿をつける人がいたが、資格がなくてもできる仕事だった。また、女税連として交流してきたＡＯＴＣＡ（アジア・オセアニア・タックス・コンサルタント協会）を見ると、アジアは圧倒的に女性が多い。

女税連での活動はどれも実りあるもので、「人生は楽しい！」と思うことができた。女税連の公式サイトには質問メール（チャレンジメール）があり、気軽に聞くことができるシステムもある。税務署出身の人もおり、さまざまな観点から惜しみなく提示される意見は女税連ならではのものだ。特に税理士として独立している場合、何を拠り所にするかが大切だが、その拠り所になるのが女税連だと思っている。女性はライフステージにより置かれる環境が変わってくるが、結婚して子どもを育てながら仕事をしている人も多い。税理士は女性に合っている仕事だと私は思っている。

第7章　座談会　女税連ってなんだろう

【出席者】
内山良子氏
吉栖照美氏
鈴木三枝子氏
楠典子氏
進行：アートデイズ編集長
宮島正洋

編集部　２０２３年12月、清水寺の森清範貫主が選んだ言葉は「税」でした。森貫主は「国民の税に対する意識が非常に強いと改めて感じた」と語っていますが、税金が多くの人の関心ごとになってきた今、税の専門家の本が出るのはタイムリーだと思います。そもそも全国女性税理士連盟（以下女税連）は、どのような団体なのでしょうか？

吉栖　１９５８（昭和33）年に、女性税理士の草分けとして活躍した加藤愛子先生の呼びかけで、17名の女性税理士が結集したのが前身の「全国婦人税理士連盟」です。家事や育児をしながら実務に取り組むことから、女性同士で助け合っていこうということで組織されました。女性が職業を持つことが珍しかった時代ですから、上野動物園のパンダのように珍しい存在だったようです。

内山　確かに女税連が生まれた頃は、女性は家庭に入るべきと

内山良子（うちやまよしこ）

高知県出身。1983（昭和58）年、税理士登録、1986（昭和61）年、内山税理士事務所開業。2003（平成15）年、東京税理士会研究部長・日本税理士会連合会理事、2008（平成20）年全国女性税理士連盟会長就任、2018（平成30）年から現在まで東京税理士会紛議調停委員

いう時代でしたね。私はちょっと変わっていて美術大学出身で、程なくして結婚しましたが夫と子供を亡くして、父から何かに打ち込んだ方がいいと言われ税理士試験に挑戦しました。女税連に参加したのは１９９０（平成２）年なので、スタートした当初のことは知らないのですが、誘ってくださった遠藤みち先生からは研究部に入ってほしいとお誘いを受け、研究部に入りました。

研究部では、税法の勉強をし、特に判例を中心にいろいろな事案を研究しました。そして、皆さんと力を合わせて『租税手続べんり事典』や、その時々の問題をテーマとしてたくさんの本を出版しました。当時からとても勉強熱心な団体なんだなと思っていましたが、このことは今日でも変わっていませんし、これからも変わらないと思います。

吉栖　私たちは税の専門家ではありますが、活動は多岐にわた

吉栖照美（よしずみてるみ）

大阪府出身。1985（昭和60）年税理士登録、1988（昭和63）年、吉栖税理士事務所開業。2010（平成22）年全国女性税理士連盟会長就任。2011（平成23）年～2019（令和元）年、公益財団法人日本税務研究センター評議員。

ります。例えば、１９７５（昭和50）年にベルリンで行われた「国際婦人年世界大会」には当時の会長・栗山はまの先生が参加しています。また、配偶者控除の廃止について議論したりと、女性の地位向上を軸にした活動も多数あります。

鈴木　国会請願活動や税制改正の要望も大切な活動ですよね。こうした活動のために、講師を招いて勉強会を開いたり議論しています。

楠　でも、勉強だけではないんですよね。「よく学び、よく遊ぶ」というのも伝統の一つです。年に一度の定期総会では研究発表も行われますが、その後の懇親会では、アトラクションとしてダンスなどを披露しています。加藤愛子先生が立ち上げた頃は、仕事や家事、子育てで忙しいのだから、1年に1度くらいは骨休めをしましょうという意味合いだったようですが、それは今も引き継がれています。

鈴木三枝子（すずきみえこ）

埼玉県出身。2002（平成14）年税理士登録。2020（令和2）年全国女性税理士連盟副会長・東日本支部支部長就任。

鈴木　定期総会はスタート当初から8月に行われていますが、開催時期も〝仕事が一段落し、子どもも夏休みになる〟からという理由で決めたようですね。そういう女性らしい細やかさは素敵ですし、女税連ならではだと思っています。

バリキャリの集まり？華やかでいて知的な女性たち

編集部　女税連に入ったきっかけや、どんなところに魅力を感じているかを教えてください。

内山　税理士になってからずっと資産税専門で、さまざまな企業で講演会をさせていただいていましたが、女税連に講師として招かれたのがきっかけです。先ほども申しましたとおり、研究部に所属し、税法の勉強ばかりしてきましたが、女税連の活

楠（くすのき）典子（のりこ）

広島県出身。1996（平成8）年税理士登録、税理士法人シオンを経て2008（平成20）年、楠典子税理士事務所開業。中国税理士会呉支部　副支部長、アイ・ケイ・ケイホールディングス株式会社　社外取締役（監査等委員）

動にもいろいろ参加しました。特に、税制特別委員会に長年かかわり、国会の各党、各会派の主要な議員に対して納税者のための税制改正要望・提言を積極的に行ってきました。ほかにも特別委員会があり、幅広い活動を行っていることが魅力の一つだと思います。

吉栖　私は女税連から合格祝賀会の招待状と入会申込書が届いたのがきっかけです。それを見た主人が、「これいいん違うか、行ったら」と勧めてきました。中津の三井アーバンホテル大阪で開かれた祝賀会に参加してみると、皆さん、キャリアウーマンで素敵な方たちばかり。こんな税理士になれたらいいなという憧れもあって、即入会しました。

鈴木　女性だけの団体ということもあって、確かに華やかさはありますよね。

吉栖　当時の大阪ブロック長さんがとても熱心な方で、「春の研修旅行あるし、全国総会もあるから一緒に行きましょう！」と熱心に誘ってくださいました。「ほな行きましょう！」と、私も軽いノリで。アトラクション（総会で行われる催しもの）では踊ったりするけれど、それも参加してねと言われましたが、最初は何もわからないまま活動しているうちに、楽しくなっていったという感じです。

楠　総会の来賓は著名人も多く、土井たか子さんの前で踊ったりしたのもいい思い出です（笑）。

国会請願では菅直人さんや鳩山由紀夫さんにもお目にかかりましたが、普段はなかなかお会いすることがない方と直接会えるのも女税連の魅力だと思います。

もう一つ、女税連に入って良かったと思うのは、総会に子連れで参加できるところです。私は子どもを産んですぐ離婚し、そこから勉強して税理士になったのですが、保育園での預かりがない休日でも女税連のイベントなら気兼ねなく行けました。子連れで参加している人は他にもいて子ども同士で仲良くなったり、子どもにとっても楽しい会合だったのではないかと思います。

吉栖　私は母を連れて行きましたね。母は懇親会から参加しましたが、おいしい食事をいただいたり、おしゃべりを楽しんだり。自分よりも若い人たちと行動を共にすることって滅多にありませんから、普通の家族旅行とは違う楽しさ

があったようです。翌日私がゴルフに行くときは、女税連の仲間で母を観光に連れていってくれました。すごく良くしてくれて、今でも感謝しています。

母は今年１００歳になるんですが、一緒に参加していたのはちょうど80歳から90歳の10年間ほど。普段は仕事ばかりで一緒に出かける機会がなかったので、ちょうどいい親孝行になりました。女税連は全国組織なので、沖縄から北海道までいろいろなところに行きました。私は母でしたが、夫や子どもを連れてくる人もいますよ。

働く女性が抱える悩みを共有 いい友人に恵まれるのも魅力

楠　子育てや嫁姑問題など、働く女性が抱える悩みを心置きなく話せるのは、女性だけの団体だからだと思います。税理士という同じ職業だからこそ共有できる悩みがあり、有意義な情報交換もできます。これも私が女税連に入会して良かったと思う点です。

内山　確かにいい友人に恵まれますよね。女税連は勉強好きな方が多いので、判例がどうのこうのというやりとりを気軽にできて、とても楽しいんです。仕事の面でも判断に迷うことがあると、離れていても電話などで連絡をとって、お互いに意見を交換できたり。すぐ答えに行きつかなくても、「ちょっと待ってね、調べておくから」と言い合える気やすさもあります。女税連には、切磋琢磨しながら成長できる仲間がいるということですね。

鈴木　普段は固い話をしていても、飲み会や食事会で集まれば飲んで笑って冗談を言い合える、気が置けない関係。女税連は全国規模ですから、そういう友人が全国にいるという感覚です。確かにそれは女税連の一番のメリットかもしれない。

楠　男性の場合、顧客が別の税理士事務所に移ると、大事な資料を渡さないといったことがあるようですが、女性はそれがないんですよね。だって、そこで連携ができなければ、困るのはお客様ですから。仕事もやりやすいなと思います。

編集部　女税連に入るメリットはいろいろありそうですね。

鈴木　いい研修会をやっているから女税連に入りましょうというアプローチがあるんですが、研修に出席するだけではもったいないです。。研修会に惹かれて入ってくる人は、いい先生の講習を安く受けることができるなど、自分にとってのメリットだけで判断しがちです。でも、女税連の魅力はそれだけではないんです。いろいろな活動があるし、縦の連携も横の連携もできている。そして何より歴史がある。

楠　法律などで、うまくいかないところがあれば直していく。それを提案できるのは団体の力ですし、女税連の魅力だと思っています。相続税の件も女税連が一生懸命に活動して実ったことの一つだと聞いています。団体の力というのは本当に大きいので、そこにメリットはあると思います。

編集部　新しく会員になる方はどのように募っているのでしょう。合格した人に対してのアプローチは？

楠　先ほど吉栖さんのお話にありましたが、郵送で送るようなことは今はできません。専門学校を地道に回って、合格者にパンフレットを渡してもらうようお願いしています。合格祝賀会に来ていただくことが、まず一つ目のアプローチになります。

鈴木　合格祝いをということで食事会にご招待していますが、これは昔から変わりませんね。お祝いの会は、女税連の魅力を知っていただく貴重な機会。既存会員との交流から、入会を決める方も多くいらっしゃいます。

楠　私の所属する広島地区でも、お祝いの会をきっかけに入会する方がほとんどです。うちのブロックでは昨年3名の方が入会しました。1年間は年会費が無料になるので、それならばと入ってくれる方も多いのですが、そうなると1年後に辞められる方もいるんですよね。そこは悩ましいところです。

内山　昔、女性の地位向上が叫ばれた時代は、女性だけの団体は価値があったと思います。でも今は性の区別がなくなっていますよね。東京税理士会などさまざまな団体があり、その中で女性を役員にしようという動きもありますから、女税連に入らなくても女性が活躍する場はあるわけです。それに、女性だけの世界に違和感を持っている若い方もいるかもしれません。今後のアプローチとして、女税連に入ることの魅力を新たに打ち出していくことがクリアしていくべき課題だと思います。

チャレンジメールやｚｏｏｍ相談会、いつでも気軽に参加できる仕組み作り

鈴木　新会員を募り、組織率を上げることも大切ですが、すでに入会している人が辞めない仕組み作りも模索しています。それで始めたのが「チャレンジメール」です。会員専用のメーリングリストで、業務上の情報交換を自由にできるというもの。質問をメールで送ると、所属する会員からアドバイスが返ってきます。若い方を中心に利用する人が増えていますね。

楠　コロナ禍に女税連の組織部長だったんですが、

辞めていく人を減らすことは大きな課題でした。そこで、チャレンジメールのメーリングリストを活用し、登録するメンバーで集まって、悩みを相談するという「ｚｏｏｍ相談会」を始めました。これが割と人気で私はコスプレをして参加しているんですが、もしかしたら日本一コスプレ衣装を持っている税理士かもしれません（笑）。

鈴木　ペットと一緒に集合しようという企画もありましたよね。私も愛犬と参加しましたが、嫌がるのを押さえつけたりなだめたりしながら、すごく楽しかった。

楠　ｚｏｏｍ相談会はその場で疑問を解決する場合も多いので、即効性があるということで人気があります。この相談会をきっかけに入会される方もいらっしゃるので、地道な活動は必要だなと感じています。コロナ禍を経てオンラインでの活動は普通になっていますし、全国どこからでも参加できるところも魅力だと思います。

内山　ｚｏｏｍ相談会は、すごくいいらしいですね、私も評判は聞いています。いつも「内山先生、面白いから、参加してみてください」と言われています。

楠　ｚｏｏｍ相談会は2時間ほどやっているんですが、最初の1時間で退出する人もいますし、途中から入ってくる人もいます。出入りは自由なんです。名前を表示すればモニターは消した状態でいいので、ノーメイクでも大丈夫ですよ。

内山　気軽にできるのはいいですね。

楠　結局、事例って同じものはないじゃないですか。個々に対応したアドバイスは必要で、それを気軽に相談できる場は大事かなと思います。

鈴木　東日本支部ではワイワイ会というのがありまして、新しく加入した方を中心にしたランチ会を休日に開いています。昼間ならばお子さんがいる方でも参加しやすいですし、もちろんお子さん同伴での参加もおすすめしています。新しく参加した方たちは、ランチ後、お茶を飲みに行ったりして親交を深めているようです。

内山　そういうのはいいですね、もっとたくさん開催したらいいんじゃないかしら。若い人が集まりやすいというところがポイントですね。

鈴木　このランチ会を機に入会した方は、長く入会してくれます。新しい輪ができて、情報を共有しあえる仲間として信頼関係も築けるからだと思います。

内山　そして、気軽に相談をしたり交流の場を通じて、切磋琢磨できる仲間ができるということが大事だと思います。

コロナ禍で変わった人たちをどうとらえるかが課題

編集部　私は出版社をやっていますが、ライターやカメラマンなどフリーランスの人はあまり悩みを相談する相手がいないんだなと感じています。だから女税連という団体に所属することにメリットはあると思うのですが、会員を増やすことに苦労されているようですね。

楠　女税連に入会する人が減っているのは勤務税理士が多いからですね。独立開業ではなく、事務所に所属している人が多いのです。

内山　今は税理士法人が増え、勤務税理士でいたほうが報酬的にもメリットがあるようです。

楠　勤務だったら責任はある程度、ボスがとってくれますし。気は楽だと思います。

吉栖　以前は税理士法人がなかったので、自分で開業する人が多かったのです。だから女税連のような団体に所属した方が情報もあるし、仕事はやりやすかったのだと思います。

楠　広報誌は勉強会などで男女問わずお配りしています。女税連主催の勉強会はどなたでも参加できるので。ただ、勉強会そのものがコロナ禍を境に減っているのが現状。広報誌を渡す機会もすっかりなくなってしまいました。また、出かけないことに慣れてしまったので、今は勉強会を開いても参加する人は以前ほど多くないのが実情です。

吉栖　勉強会の参加者が少ないのは、日本税理士会で、毎年36時間の研修を義務化にしたことも理由の一つだと思います。しかも義務化されているものは全て無料なんです。レジュメは参加者がネットからプリントするので、主催者側には印刷代などの経費はかかりません。女税連の勉強会は、会員でも参加費が2000円くらいはかかります。同じ講師だったら、無料の方がいいということになってしまうのかもしれない。

鈴木　女税連はいい講師を呼んでいると評判でしたが、研修の内容で魅力を打ち出すのは難しくなってきました。ただ、女税連の研修会には熱気のようなものがあって、それは講師と受講者とのやりとりから生まれるものなんですが、それが魅力だと思っています。通常、研修会は後ろから席がうまっていくと言われていますが、女税連の研修会は前から席が埋まっていきます。学

びたいという気持ちが皆さん強いんだと思います。

楠　税理士の仕事とは直接関係ありませんが、広島で女税連の会員向けにカラーコーディネート講座を開いたことがあります。骨格診断もやっていますよ、流行っているので。なるべく皆さんが興味を持ってくれそうなものを考えています。勉強会も大切ですが、お楽しみ企画も必要だと思っています。

鈴木　ＳＮＳからサイトに誘導し、何か質問がある場合は事務局で対応してくれます。専門的な質問があれば、私たちに振り分けて対応できるようにしている。事務局があることはすごくありがたいです。公式Ｘ（旧ツイッター）もありますが、結局、誰かが張り付いてやらないといけないので、いろいろ難しいですね。

楠　私はＴＫＣ広島支部の副支部長をやっているんですが、ファックスを使って告知しているんです。全部手書きで。絵とか字をフリーハンドで書くと、意外と見てくれるんですよね。字が汚かったり、文章のバランスも長かったり短かったりするけれど、目に止めてもらえるんです。ＳＮＳももちろん大切なのですが、それだけでは伝えられないと実感しているところです。

誰もがやりやすい仕組み作りがこれからの課題

内山　今の女税連を見ていると、少し後ろ向きになっているかなと。若い人が元気になるような仕組みを作らないと、組織の活性化は図れないと思います。

楠　ただ、若い人は、役をやりたがらない傾向があります。

内山　それは何が原因なのかを追求して、役になってもやりやすいような組織を作っていくことが大切ですよね。

鈴木　そうすると、これまでの歴史や伝統と相反する部分もあって。伝統を重んじつつ、今の時代に合ったものに変えていくことは難しいと感じています。

内山　でも、変えていかないと。女性の地位向上を謳っていた時代の考え方ではなく、今は男女共同参画ですから。できるだけオープンにして、役員になってもやりやすいような形にしていくことが必要だと思います。

楠　役員になるとそれなりの負担がかかるので、女税連に入って役員になったら大変というイメージはありますね。そこを払拭していくということだと思いますが、例えば総会の時の旅行企画はそのいい例かもしれません。これまでは担当者が下見などに行ったりして、いろいろな気遣いも入れながらツアーを手作りしてきたと思うんです。担当する方はそうした作業も楽しみながらやっていたと思うのですが、それと同じことを次の世代にやってもらうのは難しい。旅行会社に依頼するとか、少しずつでも負担を減らしていくことはできると思います。

吉栖　私たちの時代は金銭的にも余裕がありましたよね。お金を出しても、自分の勉強になるからいいという考えだった。今はバブル崩壊後に大人になった人たちが、まさに中心となるべき世代。働き盛りです。世代の違い、時代の違いを鑑みて、変えていくことが必要です。お金を払ってでも苦労を買うというのは昔の考え方ですよね。

先輩・後輩の関係でも仲がいい仲間が開いてくれる新しい扉

編集部　今日お話を伺っていて感じたのですが、年齢もキャリアも違うのに、皆さん、仲がいいですね。

内山　女税連は日頃からコミュニケーションが取れていますよね。対面で会うこともあるし、メールや電話でやりとりすることも多い。大体、私は強くバシっと言っちゃうタイプなんですが。

鈴木　でも、その後、一緒にお茶を飲みに行って、楽しく歓談したり。相談役の皆さん、いつも会議にちゃんと出てきてくれます。気軽にいろいろなことが聞けるので、すごくありがたいですね。

楠　普通、相談役になったら、あまり出てこないイメージがありますが、女税連は全くそんなことはないですね。

鈴木　改めて先輩方にお聞きしたいのですが、女税連として今後どのようになっていけばいいでしょうか？

内山　税理士は各エリアの税理士会に入会しないといけないのですが、今まで強制的に入らないといけない団体には女性の理事は本当に少なかったけれど、今ようやく変わろうとしている。これからは理事会などで女性も意見を言えるようにならないといけないのですが、それがどこまで進んだかはわからないという状況。女性に活躍の場を担ってもらうことが、女性税理士として社会的期待に応えることにもなりますから、女税連としてできることはたくさんあると思います。

吉栖　日税連も国から女性を３割入れないといけないと言われていますね。規約改正はしたということだから、これから実行していくのだと思いますが。女税連はこれまでも社会状況

に応じて変えてきたので、今がその時なんだと思います。男女共同参画社会にあり多様性が謳われ、さまざまな状況、さまざまな選択肢があることを常に心に留めておくことが大切なのではないかと思います。

内山　税理士の任意団体はいろいろあり、女税連もその一つであることを忘れてはいけないと思います。その上で、魅力やメリットをわかりやすく打ち出していけば、さらに魅力的な団体になるのではないでしょうか。

楠　ちょっとアプローチの仕方が変則的ですが、社外取締役というのは一つの道ではないかと思っています。

内山　でも、企業を取り巻く環境はあらゆる面で厳しくなっており、社外取締役は結構大変だと聞いています。しかし、女性取締役が3割以上という政府目標があるくらいですから、社会的な期待に応えられるような取り組みが必要になるでしょうね。

楠　私も今、一社やっていますが、いろいろ厳しい部分は確かにあります。ただ、男女共同参画社会ということもあって、社外取締役に女性を入れたいという上場企業は増えていると思います。私たちは会計の専門家ですから、女税連から社外取締役を輩出してもいいのではないかと思っています。そのための窓口になれたらいいなというのが、私の密かな夢なんです。女税連はそういうこともできる団体でありたいですし、苦労があったとしても新しい扉を開いていかないとダメだなと思います。

内山　それは素晴らしい。これまでと違う人材の育成に取り組むということになるでしょうが、楠さんのような方が女税連をどんどん活性化していってほしいですね。

〔附記〕女税連のあゆみ

【女税連のあゆみ】

1958（昭和33）年　8月10日「全国婦人税理士連盟」創立総会　箱根強羅・照本　初代会長に加藤愛子氏を選任

1961（昭和36）年　「家計と経営の計算簿」国税庁より青色申告用簡易帳簿として承認

1967（昭和42）年　第10回記念総会　東京プリンスホテル　総務部・広報部・研究部・経理部・組織部を創設。この総会より研究報告が始まる

1969（昭和44）年　東西支部設立

1972（昭和47）年　「夫婦財産制」についてシンポジウム開催

1975（昭和50）年　「民法の一部を改正する法律」に関する要望

1977（昭和52）年　第20回記念総会　高輪プリンスホテル　婦税連20年史『みち遠くとも』発行

1986（昭和61）年　『妻たちの税金』（ぎょうせい）出版

1987（昭和62）年　第30回記念総会　京王プラザホテル　婦税連30年史『歩みそして歩み』

1988（昭和63）年　『63年改訂　妻たちの税金』（ぎょうせい）出版発行
1989（平成元）年　『89年改訂　妻たちの税金』（ぎょうせい）出版
1990（平成2）年　欧州税制・福祉視察旅行　『90年改訂　妻たちの税金』（ぎょうせい）出版
1992（平成4）年　「21世紀を支える女性と税～パート就労100万円の壁を考える」シンポジウム開催
1993（平成5）年　『租税手続べんり事典』（ぎょうせい）出版
1994（平成6）年　「税理士会会員の通称使用についてのお願い」を日税連に提出　『配偶者控除なんかいらない!?』（日本評論社）出版
1996（平成8）年　『事実認定確認事典』（ぎょうせい）出版
1997（平成9）年　第40回記念総会　ウェスティンホテル東京　婦税連40年史『凜として』発行　『どうなってるの？　わたしの税金と年金』（ビジネス教育出版社）出版

1999（平成11）年　「全国女性税理士連盟」に名称を変更　『固定資産税の現状と課題』（信山社）出版
2001（平成13）年　『新・租税手続べんり事典』（ぎょうせい）出版
2002（平成14）年　欧州成年後見制度視察旅行　「専門職（税理士）における女性の就業と生活に関する調査」アンケートの実施と報告書の作成
2003（平成15）年　税理士会会員の旧姓使用が認められる
2007（平成19）年　第50回記念総会・記念式典　ザ・プリンス　パークタワー東京　創立50周年記念シンポジウム開催（大阪・東京）女税連50年史『ひとしずく大河となりて』発行『地方税Q＆A』（大蔵財務協会）出版
2009（平成21）年　ベトナム視察旅行
2010（平成22）年　『新版　地方税Q＆A』（大蔵財務協会）出版
2012（平成24）年　第55回記念総会、記念講演会　神戸ポートピアホテル『地方税Q＆A平成24年版』（大蔵財務協会）出版
2013（平成25）年　『Q＆A 租税手続べんり事典　最新版』（ぎょうせい）出版

２０１４（平成26）年　『地方税Ｑ＆Ａ（平成26年版）』（大蔵財務協会）出版

２０１７（平成29）年　第60回記念総会・記念式典、講演会　京王プラザホテル　女税連60年史『明日への飛翔（はばたき）』発行　『成年後見ハンドブック』（清文社）出版

２０２１（令和３）年　『地方税Ｑ＆Ａ（令和３年版）』（大蔵財務協会）出版

〔全国女性税理士連盟　総合企画特別委員会〕

委員長　青山倫子
副委員長　鈴木三枝子
委　員　市原幸恵
委　員　伊藤佳江
委　員　今中明子
委　員　大久保倫子
委　員　荻野良江
委　員　奥田よし子
委　員　加藤晴美
委　員　楠典子
委　員　後藤千恵子
委　員　小山僚子
委　員　酒井興子
委　員　滝澤多佳子
委　員　前岡照紀
委　員　三上広美
委　員　毛利麻子

しなやかにそして懸命に
～女性税理士という生き方～

二〇二四年六月十日　初版第一刷発行

編・著　全国女性税理士連盟
構　成　坂本真由実
装　丁　荒木未来
発行者　宮島正洋
発行所　株式会社アートデイズ
〒160-0007　東京都新宿区荒木町13-5
四谷テアールビル2F
電　話　（〇三）三三五三―二二九八
FAX　（〇三）三三五三―五八八七
http://www.artdays.co.jp
印刷所　中央精版印刷株式会社